글 옥효진

부산교육대학교 초등교육과를 졸업하고 2011년부터 부산에서 초등학교 교사로 근무하고 있습니다. 생활에 꼭 필요한 금융 지식을 학교에서 가르쳤으면 좋겠다는 생각으로 '학급 화폐'를 통한 금융 교육을 시작했고, 이를 소개하는 유튜브 채널 〈세금 내는 아이들〉을 운영하고 있습니다. 이 활동으로 2019년 대한민국 경제교육대상 대한상공회의소장상, 2020년 대한민국 경제교육대상 경제교육단체협의회 회장상, 2021년 민주시민교육 분야 교육부장관 표창장, 2022 교보교육대상 미래교육콘텐츠 부문 대상, 2022년 제7회 금융의 날 대통령 표창을 수상했습니다. 지은 책으로 《세금 내는 아이들》《법 만드는 아이들》《옥효진 선생님의 경제 개념 사전》《옥효진 선생님의 법과 정치 개념 사전》과 〈세금 내는 아이들의 생생 경제 교실〉〈혼공 도사 나대로〉 시리즈 등이 있습니다.

그림 나인완

귀여운 꿀꿀돼지, '호로로'를 그리는 일러스트레이터입니다. 다양한 애니메이션과 만화, 일러스트, 이모티콘 작업을 하면서 종종 크고 작은 전시회도 열고, 귀여운 굿즈도 꾸준히 만들고 있습니다. 쓰거나 그린 책으로는 《꿀꿀돼지 호로로》《마구로센세의 일본어 메뉴판 마스터》《초등과학Q6 유전과 혈액》《한 컷 초등 사회 사전》《무사히 1학년》《찾았다! 호로로의 숨은그림찾기 세계 여행》《옥효진 선생님의 경제 개념 사전》《옥효진 선생님의 법과 정치 개념 사전》《대충 봐도 머리에 남는 어린이 야구 상식》과 〈과학 개념 연구소〉 시리즈 등이 있습니다.

옥효진 선생님의 지리 문화 개념 사전

글 옥효진
그림 나인완

작가의 말

지리 문화는 우리와 늘 함께하는 친구랍니다

　지리 문화라는 말을 들으면 어떤 생각이 드나요? 마냥 어렵게만 느껴지나요? 아니면 공부해야 하는 귀찮은 것으로 여겨지나요? 어린 시절 선생님은 지리 문화를 참 좋아했어요. 왜냐하면 지리 문화를 배워 갈수록 세상에 대해 더 알아 가는 것 같은 기분이 들었거든요. 단순히 시험을 치기 위해 하는 공부가 아니라 생활 속에서 써먹을 수 있는 지식들이 가득하다는 것이 좋았어요. 지도를 보는 방법, 내가 살고 있는 동네·지역·도시·나라를 이해하도록 도와주는 내용들, 마치 세계여행을 하는 것처럼 여러 나라를 알아 가는 과정들이 좋았죠.

　지리 문화는 생각보다 우리 생활 속에 깊숙이 자리 잡고 있어요. 사실 어디에도 지리 문화가 없는 곳이 없다고 할 수도 있지요. 여러분이 집을 나서서 학교에 가는 길에 지나는 도로와 건물들, 가족들과 함께 여행을 가서 보는 산과 바다와 같은 관광지들, 뉴스에서 들려오는 세계의 여러 가지 소식도 지리 문화와 관련 있는 이야기들이거든요. 여러분이 먹는 음식, 살고 있는 집, 그리고 입는 옷들까지도 지리 문화와 관련 있는 것들이죠. 어쩌면 여러분이 고개를 돌려 볼 수 있는 모든 것들이 지리 문화라고 할 수도 있어요. 그만큼 지리 문화는 우

　리와 가까운 사이예요.
　가까이에 있지만 잘 알지 못했던 지리 문화에 대해 여러분이 더 잘 이해할 수 있으면 좋겠단 마음으로 이 책을 썼어요. 이 책에는 여러분이 이미 익숙한 지리 문화 개념들, 들어 보긴 했지만 잘 알지 못했던 지리 문화 개념들, 여러분이 처음 만나는 지리 문화 개념들도 있을 거예요. 하지만 하나씩 하나씩 알아 가다 보면 어느새 지리 문화와 가까워져 있을 거라고 믿어요. 그리고 지리 문화가 여러분의 생활에서 늘 함께하는 친구라는 사실도 알아차릴 수 있겠죠. 선생님이 그랬던 것처럼 지리 문화에 흥미를 느끼고 더 알아 가고 싶다고 생각하는 친구들이 많아지면 좋겠어요.
　지리 문화와 가까워진다는 것은 여러분이 살고 있는 세상을 훨씬 더 잘 이해할 수 있게 된다는 의미와도 같아요. 여러분이 살아가는 세상을 더 잘 이해할 수 있게 해 주는 지리 문화에 대해 하나씩 차근차근 알아 가길 바랍니다. 그리고 지리 문화에 흥미를 느끼는 친구들도 많아지길 바랍니다.

옥효진 선생님

차례

작가의 말 4
등장인물 10
지리 문화 개념 사전 활용법 11

1장 재미있는 지도의 원리

지리 ……………………… 14
지도 ……………………… 16
세계 지도·지구본 ………… 18
세계 지도의 왜곡 ………… 20
위도·위선 ………………… 22
경도·경선 ………………… 24
해발 고도 ………………… 26
등고선 …………………… 28
방위 ……………………… 30
축척 ……………………… 32
기호·범례 ………………… 34

2장 생활 속 지리

논·밭 ……………………… 38
강·바다·호수·저수지 ……… 40
육지·섬 …………………… 42
내륙·해안 ………………… 44
촌락·도시 ………………… 46
평야·산지 ………………… 48
갯벌 ……………………… 50
반도·곶·만 ………………… 52
일기 예보 ………………… 54
강우량·강설량 …………… 56

3장 우리나라의 지리

- 한반도 60
- 우리나라의 섬 62
- 팔도 64
- 우리나라의 행정 구역 66
- 서울특별시 68
- 광역시 70
- 경기도 72
- 강원특별자치도 74
- 충청도 76
- 전라도 78
- 경상도 80
- 제주특별자치도 82
- 독도 84
- 북한 86

4장 대륙과 대양

- 대륙의 기준 90
- 대륙의 구분 92
- 아시아 94
- 유럽 96
- 아프리카 98
- 아메리카 100
- 오세아니아 102
- 남극 104
- 오대양 106

| 5장 | 세계 여러 나라 |

- 북반구·남반구 ····· 110
- 러시아·바티칸 시국 ····· 112
- 인도·중국 ····· 114
- 인구 밀도 ····· 116
- 섬나라·내륙 국가 ····· 118
- 세상에서 가장 긴 나라 ····· 120
- 이웃 나라 ····· 122
- 알래스카주 ····· 124
- 몰디브 ····· 126

| 6장 | 기후와 생활 |

- 자연환경·인문 환경 ····· 130
- 기후 ····· 132
- 열대 기후 ····· 134
- 건조 기후 ····· 136
- 온대 기후 ····· 138
- 냉대 기후 ····· 140
- 한대 기후 ····· 142
- 고산 기후 ····· 144
- 사막 ····· 146
- 건기·우기 ····· 148
- 유목 ····· 150
- 화전 농업 ····· 152

| 7장 | 세계의 신비한 지리 문화 |

아마존	156
에베레스트산·마리아나 해구	158
우유니 소금 사막	160
수에즈 운하	162
해저 터널	164
세계 3대 폭포	166
만년설	168
산맥	170
세계적인 소금 호수	172
세계 4대 문명	174
랜드마크	176
지구촌	178
세계의 축제	180

| 8장 | 더 알고 싶어요! 지리 문화 개념 |

특별한 지형
동고서저 | 분지	184
풍수지리 | 수평선과 지평선	185

생활과 밀접한 지리 문화
농촌·어촌·산지촌 | 중심지	186
국립 공원 | 해수욕장	187
오일장 | 특산물	188
지하자원 | 산유국	189

날씨와 지리 문화
장마 | 가뭄과 홍수	190
고랭지 농업 | 기상청	191

길과 교통수단
대중교통 | 지하철	192
고속 도로 | 공항	193
대동여지도 | 삼팔선과 휴전선	194

드디어 내가 살 곳을 찾았어!

지리 문화 개념 사전 활용법

1단계 한눈에 보이는 개념어로 시작해요!

2단계 재미있는 만화 속 상황을 통해 개념과 조금 더 친숙해져요!

3단계 정확한 뜻풀이로 개념을 확실히 다져요!

4단계 친절한 설명과 귀여운 그림으로 개념을 재미있게 배워요!

5단계 옥효진 선생님이 들려주는 개념어와 관련된 유익한 사회 상식을 읽어요!

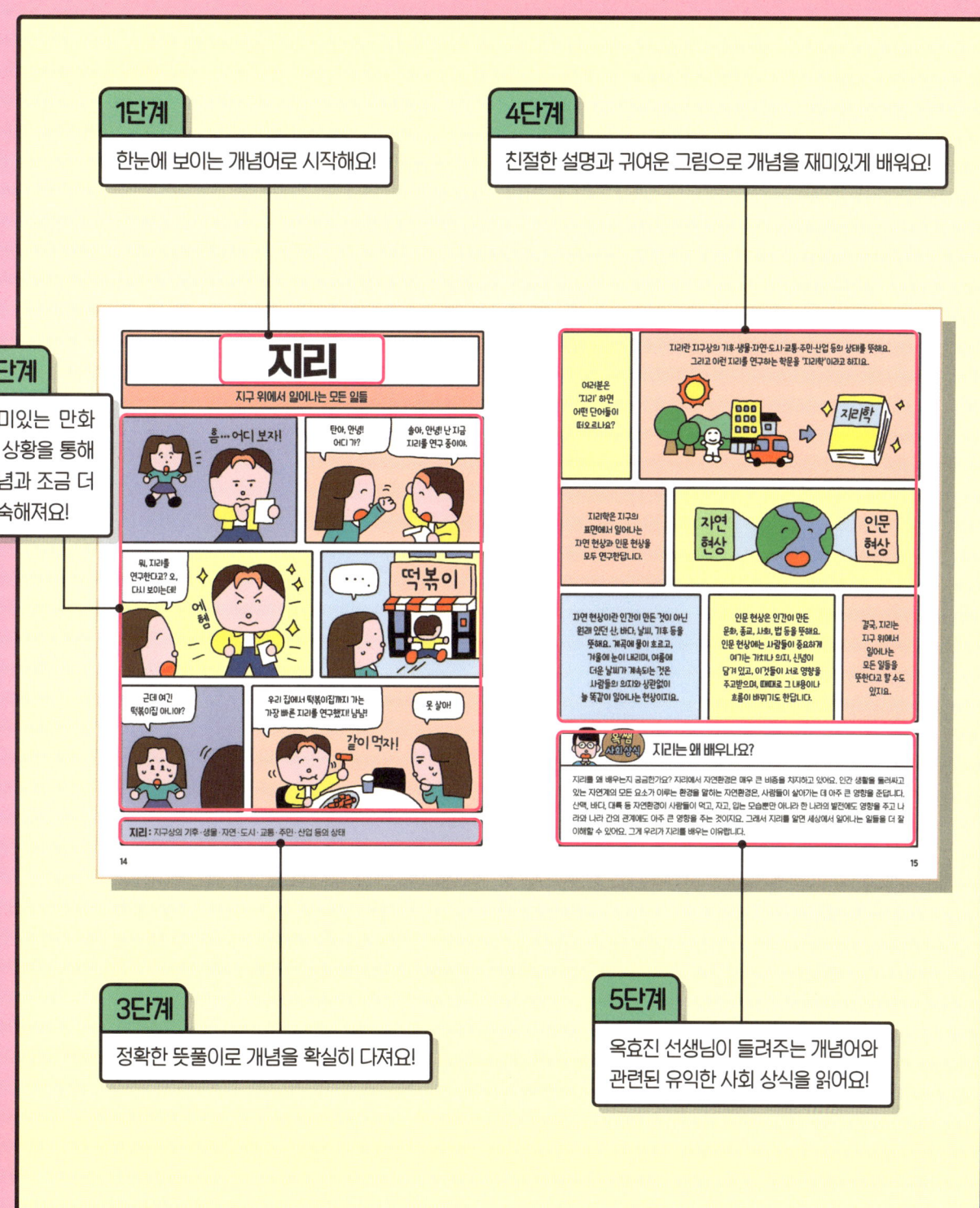

교과 연계

3학년 1학기 사회	01. 우리 고장의 모습
4학년 1학기 사회	01. 지역의 위치와 특성
4학년 2학기 사회	03. 사회 변화와 문화 다양성
5학년 1학기 사회	01. 국토와 우리 생활
6학년 2학기 사회	01. 세계의 여러 나라들

재미있는 지도의 원리

1장

지리 | 지도 | 세계 지도·지구본 | 세계 지도의 왜곡 | 위도·위선 | 경도·경선 | 해발 고도 | 등고선 | 방위 | 축척 | 기호·범례

친구들은 종이로 만든 지도를 본 적 있어요? 동그란 지구본은요? 아니면 스마트폰을 통해 지도 애플리케이션을 본 적 있나요? 평소 잘 아는 장소라면 지도가 없이도 잘 다닐 수가 있어요. 하지만 잘 모르는 장소에 갔을 땐 지도가 있어야 쉽게 길을 찾을 수 있지요. 그런데 지도도 제대로 보려면 방법이 있어요. 재미있는 지도의 원리에 대해서 같이 알아볼까요?

지리

지구 위에서 일어나는 모든 일들

지리 : 지구상의 기후·생물·자연·도시·교통·주민·산업 등의 상태

여러분은 '지리' 하면 어떤 단어들이 떠오르나요?

지리란 지구상의 기후·생물·자연·도시·교통·주민·산업 등의 상태를 뜻해요. 그리고 이런 지리를 연구하는 학문을 '지리학'이라고 하지요.

지리학은 지구의 표면에서 일어나는 자연 현상과 인문 현상을 모두 연구한답니다.

자연 현상이란 인간이 만든 것이 아닌 원래 있던 산, 바다, 날씨, 기후 등을 뜻해요. 계곡에 물이 흐르고, 겨울에 눈이 내리며, 여름에 더운 날씨가 계속되는 것은 사람들의 의지와 상관없이 늘 똑같이 일어나는 현상이지요.

인문 현상은 인간이 만든 문화, 종교, 사회, 법 등을 뜻해요. 인문 현상에는 사람들이 중요하게 여기는 가치나 의지, 신념이 담겨 있고, 이것들이 서로 영향을 주고받으며, 때때로 그 내용이나 흐름이 바뀌기도 한답니다.

결국, 지리는 지구 위에서 일어나는 모든 일들을 뜻한다고 할 수도 있지요.

 지리는 왜 배우나요?

지리를 왜 배우는지 궁금한가요? 지리에서 자연환경은 매우 큰 비중을 차지하고 있어요. 인간 생활을 둘러싸고 있는 자연계의 모든 요소가 이루는 환경을 말하는 자연환경은, 사람들이 살아가는 데 아주 큰 영향을 준답니다. 산맥, 바다, 대륙 등 자연환경이 사람들이 먹고, 자고, 입는 모습뿐만 아니라 한 나라의 발전에도 영향을 주고 나라와 나라 간의 관계에도 아주 큰 영향을 주는 것이지요. 그래서 지리를 알면 세상에서 일어나는 일들을 더 잘 이해할 수 있어요. 그게 우리가 지리를 배우는 이유랍니다.

지도

넓고 복잡한 세상을 한눈에 보여 주는 도구

지도 : 지구상의 땅, 바다, 강, 길 등의 크기를 일정한 비율로 줄여서 기호로 평면에 나타낸 그림

지구 위에 있는 땅, 바다, 강, 호수, 길, 건물 등의 크기를 줄여서 기호나 문자를 사용해 평면 위에 그린 그림을 지도라고 해요.

사람들은 가고 싶은 곳의 위치를 찾거나 특정한 장소에 무엇이 있는지 확인하기 위해 다양한 지도를 사용하지요.

예전에는 종이 위에 그려진 지도를 많이 사용했지만, 지금은 컴퓨터나 스마트폰으로 볼 수 있는 디지털 영상 지도를 많이 활용해요.

심지어 인공위성으로 지구의 모습을 찍은 영상까지 볼 수 있지.

디지털 영상 지도는 확대와 축소가 편리하고 종이 지도보다 훨씬 많은 정보를 담을 수 있어서 좋아요. 단, 전자 기기가 반드시 필요하지요.

간편

종이 지도는 한 장에 여러 정보를 담기는 어렵지만, 언제 어디서나 손쉽게 꺼내 볼 수 있는 장점이 있어요. 그래서 지금도 여전히 사용하고 있답니다.

언제 어디서나

운전을 편리하게 해 주는 내비게이션

자동차를 타고 낯선 곳으로 여행을 떠나 본 적이 있나요? 처음 가는 길인데도 늦지 않게 목적지에 잘 도착했다면 내비게이션의 도움이 컸을 거예요. 내비게이션은 목적지를 입력하면 어느 길로 가야 하는지 지도로 보여 주는 전자 장치예요. 지름길이나 도착 예상 시간까지 알려 주지요. 내비게이션이 등장하기 전까지 운전자들은 도로 표지판이나 종이 지도를 보며 길을 찾아야 했답니다. 지도를 잘 읽지 못하는 사람은 길 찾기가 꽤나 어려웠겠지요?

세계 지도·지구본

평평한 지도와 공 모양의 지구본

세계 지도: 지구 전체의 모습을 한 장의 종이 위에 그린 지도
지구본: 지구를 본떠 만든 입체 모형

지구 위에 있는 땅과 바다의 모습을 한눈에 확인할 수 있는 방법은 무엇일까요? 맞아요, 바로 세계 지도를 보면 돼요.

전 세계의 모든 땅과 바다, 나라 등 지구 전체의 모습을 한 장의 종이 위에 그려 둔 지도를 세계 지도라고 해요.

그런데 둥근 공 모양의 지구를 평평한 종이 위에 나타내려다 보니 종이에 그려진 세계 지도는 실제 지구의 모습과는 조금 다르답니다.

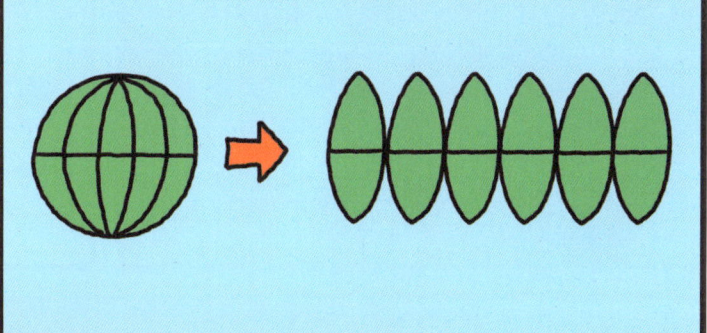

더 정확한 지구의 모습을 보려면 세계 지도보다는 지구본을 활용하는 것이 좋아요. 공 모양의 지구 모습을 그대로 본떠 만들었기 때문에 실제 크기와 모습을 정확하게 확인할 수 있지요.

하지만 들고 다니기에 영 불편하네.

덜덜

세계 지도와 지구본은 각각 장단점이 있으니 필요에 따라 적절히 활용하는 게 좋겠지요?

 **옥쌤 사회상식**

나라마다 쓰는 세계 지도가 다르다?

세계 여러 나라들이 사용하는 세계 지도의 모양이 모두 다르다는 사실을 알고 있나요? 지구의 모습이 달라질 리 없는데 서로 다른 모양이라니, 어딘가 이상하지요? 우리에게 익숙한 세계 지도는 우리나라가 지도의 가운데에 있는 모양의 세계 지도예요. 하지만 다른 나라들은 저마다 자기네 나라가 지도 가운데에 있는 세계 지도를 사용하지요. 그래서 영국의 세계 지도를 보면 우리나라가 저 멀리 동쪽 끝에 위치해 있고, 호주의 세계 지도는 우리가 알던 세계가 완전히 뒤집힌 모양이랍니다.

세계 지도의 왜곡

세계 지도는 사실 정확하지 않다?

세계 지도의 왜곡 : 입체적인 공 모양의 지구 모습을 평면인 종이에 옮기면서 생기는 차이

세계 지도를 보면 한반도(남한과 북한)보다 영국이 훨씬 큰 것처럼 보여요. 하지만 실제로는 영국과 한반도의 면적이 비슷하답니다.

세계 지도가 실제와 다르게 그려지는 까닭은 우리가 살고 있는 지구가 공 모양처럼 생겼기 때문이에요.

입체적인 공 모양을 평면인 종이에 옮기다 보니 생기는 차이인 것이지요. 귤껍질을 벗겨서 평평하게 펼쳐 놓는다고 생각해 보면 쉬워요.

귤껍질 위에 지도를 그린 다음, 껍질을 모두 벗겨 내 종이 위에 올리면 어떻게 될까요? 어떻게 해도 보기 좋게 펼치기는 어려워요. 군데군데 끊어진 부분이 생겨요.

이렇게 잘라 낸 귤껍질 사이의 빈 공간을 채우며 지도를 그리다 보면 실제보다 더 크게 그려지는 곳이 생길 수밖에 없어요. 반대로 더 작게 표현되는 곳도 있고요.

그래서 어느 땅의 크기가 더 큰지 정확히 비교하려면 지구본이 필요하답니다.

옥쌤 사회상식 그린란드의 실제 크기

세계 지도에서 북극해에 있는 섬 그린란드를 찾아보세요. 아마 그린란드 가까이에 위치한 미국보다도 더 커 보일 거예요. 그런데 사실 지도상에서 이렇게 보일 뿐 실제 면적은 미국이 그린란드보다 4배 이상 크답니다. 우리가 일반적으로 보는 세계 지도는 북쪽이나 남쪽 끝으로 갈수록 크게 그려져요. 그래서 북쪽 끝에 있는 그린란드가 미국보다도 훨씬 더 크게 보였던 것이지요. 반대편에 있는 남극도 마찬가지랍니다.

위도·위선

지구 위에 존재하는 보이지 않는 선

위도: 지구 위의 위치를 나타내는 가로 좌표축
위선: 위도를 나타낸 가상의 가로선

교실에서 여러분의 자리를 가장 쉽게 설명하는 방법은 무엇일까요? 2분단 3번째 줄처럼 숫자로 표현하면 누구나 쉽게 알 수 있을 거예요. 이 방법은 지도에서도 통한답니다.

지도에서도 지구상에서 어떤 지역의 위치를 정확히 나타내기 위해 실제로는 존재하지 않는 가상의 좌표를 만들어 사용해요. 가로 좌표축은 위도, 세로 좌표축은 경도지요.

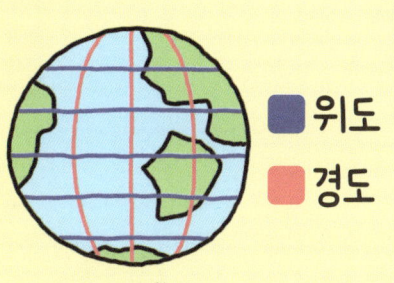

■ 위도
■ 경도

위도는 지구를 가로로 나눈 정도를 뜻하고, 그 나눈 선을 위선이라고 해요. 세계 지도를 보면 육지와 바다 그림 외에도 많은 선이 그어져 있지요? 그중 가로선이 바로 위선이에요.

세계 지도에 그려진 위선은 실제론 존재하지 않는 가상의 선이죠.

위선은 지구를 북쪽과 남쪽으로 나누는 '적도'를 기준으로 해요. 적도의 위도는 0도라고 표현해요.

적도를 기준으로 북쪽에 있는 위도를 '북위', 남쪽에 있는 위도를 '남위'라고 불러요. 북위와 남위는 각각 90도까지 있어요.

북위
남위

참고로 한반도는 북위 33도와 43도 사이에 위치하고 있어요.

 **옥쌤 사회상식** ## 남북을 가른 삼팔선의 의미

우리나라는 1950년에 벌어진 6·25 전쟁으로 인해 지금까지 남한과 북한으로 분단되어 있어요. 이와 관련해서 흔히 쓰는 표현 중 하나가 '삼팔선을 기준으로 남과 북으로 나뉘어 있다'는 말이지요. 여기서 말하는 삼팔선은 한반도가 처음 남과 북으로 갈라질 때 기준이 된 선을 뜻해요. 바로, 위도 38도선이에요. 이제 삼팔선이 무슨 뜻인지 알겠지요?

경도·경선

시간을 결정하는 보이지 않는 세로선

경도: 지구 위의 위치를 나타내는 세로 좌표축
경선: 경도를 나타낸 가상의 세로선

위도와 함께 지구상에서 위치를 나타내기 위한 가상의 좌표 중 세로 좌표축을 경도라고 해요.

경도는 지구를 세로로 나눈 정도를 뜻하고, 그 나눈 선을 경선이라고 하지요. 세계 지도에 그려진 선들 중 세로선이 바로 경선이에요.

위선의 기준이 '적도'인 것처럼 경선 역시 기준이 되는 선이 있어요. 바로, 영국의 그리니치 천문대를 기준으로 그은 세로선인 '본초 자오선'이에요.

본초 자오선을 기준으로 동쪽에 있는 경도를 '동경', 서쪽에 있는 경도를 '서경'이라고 불러요.

적도의 위도가 0도인 것처럼 본초 자오선의 경도를 0도로 봐요. 지구를 한 바퀴 돌면 360도이므로 동경과 서경 모두 180도까지 있어요.

경선에 따라 나라별로 시간 차이가 생기는데, 경도가 15도씩 차이가 날 때마다 한 시간의 차이가 생긴답니다.

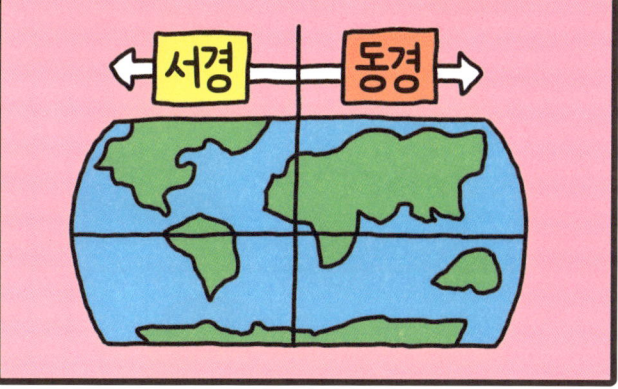

참고로 한반도는 동경 124도와 132도 사이에 위치하고 있어요.

옥쌤 사회상식 — 노래 〈독도는 우리 땅〉의 가사

동해에 있는 소중한 우리 땅 독도! 독도를 알리는 노래 중 가장 유명한 곡으로 〈독도는 우리 땅〉이 있어요. 무척 오래전에 나온 노래지만 대한민국의 국민이라면 이 노래를 모르는 사람이 없지요. 이 노래의 가사에 독도의 위도와 경도가 등장해요. '경상북도 울릉군 울릉읍 독도리 동경 132 북위 37'이라는 부분이지요. 세로선인 동경 132도 선과 가로선인 북위 37도 선이 만나는 곳이 바로 독도의 위치인 거예요. 대한민국의 영토, 독도의 위치를 여러분도 꼭 기억해 주세요.

해발 고도

땅의 키는 어디서부터 재야 할까?

해발 고도 : 평균 해수면을 기준으로 하여 잰 어떤 위치의 높이

땅의 높이를 잴 때 사람마다, 혹은 나라마다 기준이 다르면 측정 결과 또한 달라지겠지요?

그래서 땅의 높이를 나타낼 때는 모든 나라가 공통된 기준인 해발 고도를 사용해요.

해발 고도는 바닷물의 표면을 기준으로 잰 어떤 위치의 높이를 말해요. 이때 기준이 되는 바닷물의 표면은 해발 고도 0미터로 보는 것이지요.

해발 고도를 사용하는 대표적인 예는 산의 높이를 나타낼 때랍니다. 우리나라 한라산의 해발 고도는 약 1950미터예요. 이 말은 바닷물의 표면보다 1950미터 높은 곳에 한라산의 꼭대기가 있다는 의미예요.

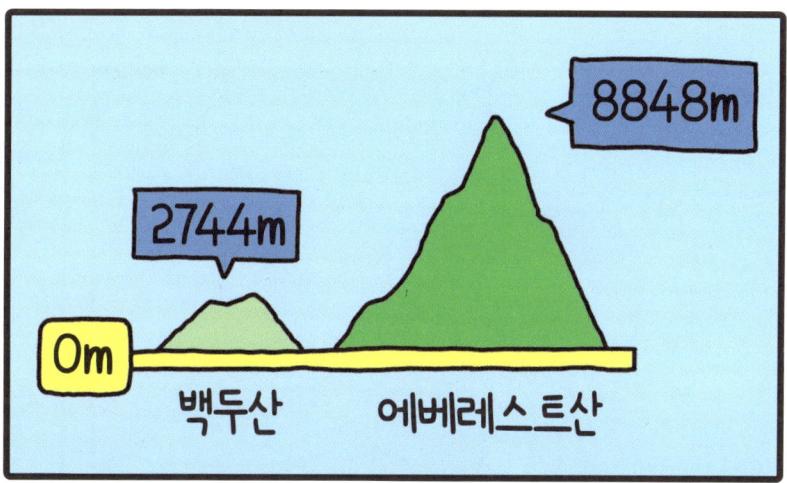

한반도에서 가장 높은 산인 백두산은 해발 고도가 약 2744미터이고, 세계에서 가장 높은 산인 에베레스트산은 해발 고도가 약 8848미터랍니다.

 ## 해발 고도보다 낮은 나라가 있다?

땅은 당연히 바다보다 높아야겠지요? 땅이 바다보다 낮으면 물에 잠겨 버릴 테고, 그러면 더는 땅이라고 부를 수 없으니까요. 그런데 놀랍게도 해수면보다 낮은 땅이 있어요. 서유럽 국가인 네덜란드는 국토의 25퍼센트가 해수면보다 낮다고 해요. 그래서 네덜란드라는 나라의 이름부터 '낮은 땅'이라는 뜻이지요. 과거 네덜란드에 유독 풍차가 많이 만들어진 이유도 바람의 힘으로 물을 퍼 올리기 위해서였다고 해요.

등고선

평면의 그림에 높이를 나타내는 방법

등고선: 지도에서 해발 고도가 같은 곳들을 연결한 선

지도는 평평한 종이 위에 그리기 때문에 땅의 높고 낮음을 표현할 수가 없어요. 그래서 등고선을 그려서 땅의 높낮이를 표현해요.

등고선은 평면의 지도에서 해발 고도가 같은 곳들을 연결한 선이에요.

등고선에는 해발 고도를 적기도 하고 등고선과 등고선 사이를 색깔로 구분해서 높이를 나타내기도 해요. 보통 낮은 곳은 초록색, 높은 곳으로 갈수록 짙은 갈색으로 표현해요.

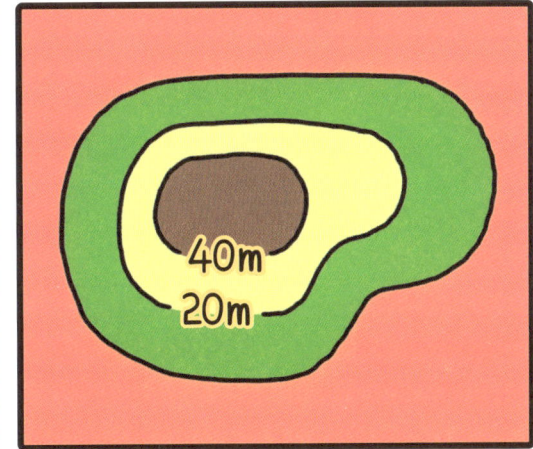

등고선으로 땅의 높낮이뿐만 아니라 대략적인 모양까지 나타낼 수 있어요. 등고선과 등고선의 간격이 넓으면 경사가 완만하다는 것을 알 수 있고, 간격이 좁으면 경사가 급한 것이랍니다.

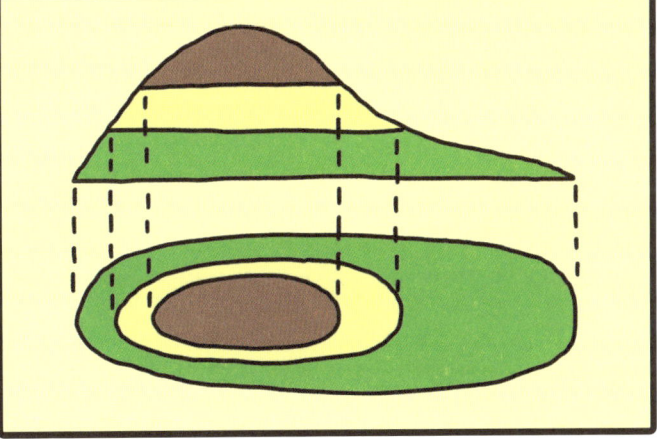

 **바다의 깊이는 어떻게 표현할까?**

우리 눈으로 직접 살펴보기는 힘들지만 바닷속에 있는 땅의 모양은 무척이나 다양해요. 그래서 바닷속 깊이도 위치에 따라 다르죠. 사람들은 땅의 높고 낮음을 표현하는 것처럼 바닷속 깊이도 지도에 나타내고 싶었어요. 그래서 지도에서 바닷속 깊이가 같은 곳들을 이어 선으로 나타냈지요. 이 선을 수심이 같은 곳을 이은 선이라는 의미로 '등심선'이라고 부른답니다.

방위

위치를 표현하는 가장 기본적인 방법

방위: 동서남북의 네 방향을 기준으로 하여 나타내는 어떠한 쪽의 위치

위치를 나타내기 위해 사용하는 것 중 방위라는 것이 있어요.

방위란 우리가 보고 있거나 현재 있는 위치가 어떤 기준의 어느 쪽에 있는지 나타내는 방법이에요. 흔히 말하는 동서남북이 바로 방위지요.

북쪽의 반대쪽이 남쪽, 동쪽의 반대쪽이 서쪽이에요.

우리나라 지도를 보면 오른쪽이 동쪽, 왼쪽이 서쪽, 위쪽이 북쪽, 아래쪽이 남쪽이에요.

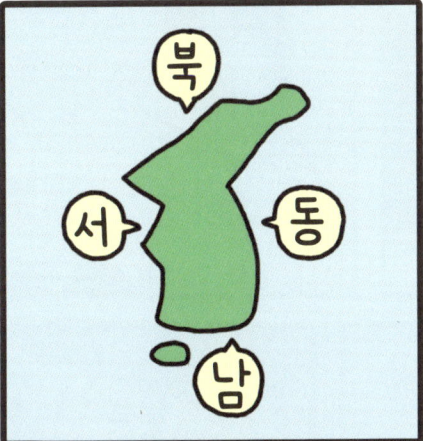

하지만 무조건 오른쪽이 동쪽, 왼쪽이 서쪽이라고 생각하면 안 돼요. 만약 지도를 거꾸로 뒤집어서 본다면 오른쪽이 서쪽, 왼쪽이 동쪽이 되기 때문이에요.

그래서 기준이 되는 방위표가 지도 한쪽에 그려져 있어요. 방위표를 보면 동서남북의 정확한 방향을 확인할 수 있지요. 만약 지도에 방위표가 없다면, 위쪽을 북쪽으로 생각하면 돼요.

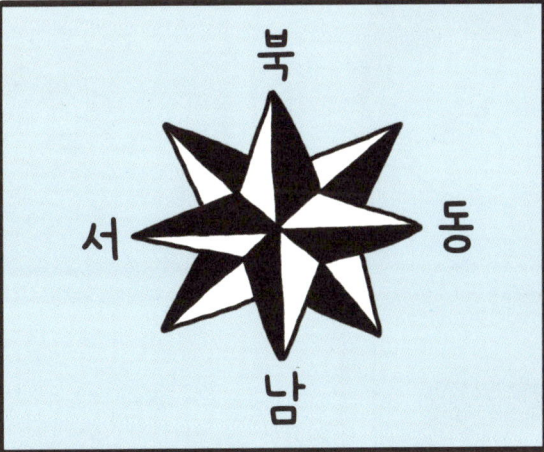

남한-북한, 동해-서해, 동양-서양, 남극-북극과 같은 표현도 모두 방위를 사용해서 만든 단어들이지요.

방위를 더 자세히 나타내는 방법

동서남북은 네 방향만 나타내기 때문에 위치를 아주 정확하게 표현하기는 어려워요. 그래서 방위를 더 자세하게 나타내기 위해 8방향, 16방향, 32방향으로 더 나누기도 해요. 방위를 8방향으로 나누면 동서남북 외에 북동·북서·남동·남서가 추가되어 8방향을 나타내게 되는 것이지요. 16방향으로 나누면 북북동·동북동·북북서·서북서·남남동·동남동·남남서·서남서 등의 방향이 추가된답니다.

축척

실제 땅을 축소한 비율

축척: 지도에서의 거리와 지표에서의 실제 거리와의 비율

지도는 땅의 모양을 크기만 줄여서 그대로 그린 그림이에요. 당연한 말이지만, 땅의 크기까지 똑같이 그릴 수는 없겠지요? 세상에 그만큼 큰 종이는 존재하지 않는 데다, 지도가 실제만큼 크면 지도로서 의미가 없기 때문이지요.

언제든 쉽게 한눈에 볼 수 있어야 지도로서 활용 가치가 있지요!

지도를 그릴 때는 실제 모양과 크기를 정확하고 일정한 비율로 줄여야 해요. 그래서 지도에서의 거리가 실제로는 얼마나 되는지 확인할 수 있도록 만든 것이 축척이에요.

어떤 지도의 축척이 1:50,0000이라면, 지도의 1센티미터가 실제 땅에서는 50,000센티미터라는 뜻이에요. 100센티미터는 1미터이니, 500미터인 셈이지요.

그렇다면 1:100,000 축척 지도에서 1센티미터는 실제로 얼마 만큼일까요? 100,000센티미터, 즉, 1킬로미터라는 뜻이에요.

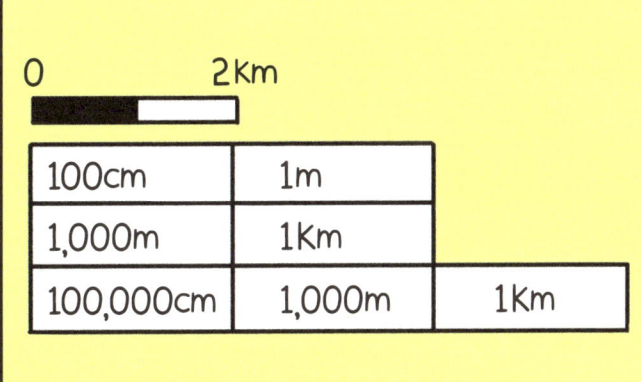

100cm	1m	
1,000m	1Km	
100,000cm	1,000m	1Km

이처럼 축척 덕분에 지도만 보고도 실제 거리가 얼마나 되는지 알 수 있는 거지요.

대축척 지도와 소축척 지도

실제 땅의 모습을 얼마만큼 줄였는지에 따라 대축척 지도와 소축척 지도로 구분해요. 소축척 지도는 넓은 지역을 간단히 나타낸 것이에요. 전체의 모습을 보기는 좋지만 자세한 내용을 확인하기는 어려워요. 세계 지도나 우리나라 지도 등이 여기에 속하지요. 반대로 대축척 지도는 좁은 지역을 자세히 나타낸 지도예요. 자세한 내용을 살펴볼 수 있지만 전체 모습을 확인하기는 어렵답니다.

기호·범례

지도에 담긴 사람들의 약속

기호: 특정한 장소나 시설 등을 간단한 그림으로 나타낸 표시
범례: 지도에 사용된 기호가 무엇을 뜻하는지 알려 주는 표

우리 마을을 지도로 그려 보기로 해요. 지도에 어떤 것들이 들어가야 할까요? 산, 하천, 평야 등 자연환경과 도로, 학교, 병원, 소방서 등 마을의 여러 장소와 건물들도 나타내야겠지요?

그런데 이런 장소들을 지도에 어떻게 나타내야 할까요?

그림으로 그리고 글자로 이름을 써 주면 되죠!

그런데 그림과 글자로 장소를 나타내면 지도를 알아보기가 힘들답니다.

도대체 뭘 그린 거지? 그림 실력이 꽝이군.

학교를 그린 건데 왜 못 알아보지?

그래서 지도에서는 기호와 범례를 사용해요. 기호는 특정한 장소나 시설 등을 간단한 그림으로 나타낸 표시를 말해요. 예를 들어 학교, 병원, 경찰서, 우체국 같은 장소를 미리 약속된 기호로 표시하는 것이지요.

여긴 학교고, 여긴 소방서군. 기호로 나타내니 훨씬 보기 쉬워.

범례는 지도에 사용된 기호가 무엇을 뜻하는지 알려 주는 표예요.

➕ 병원　　⛪ 교회
卍 사찰　　◉ 시·구청
♨ 온천　　∴ 명승고적

기호와 범례는 지도를 보기 편하게 만들어 준답니다.

 색깔에도 의미가 있다?

지도에 사용되는 기호를 보면 대체로 간단하게 표현되었으면서도 실제 모습과 닮았다는 것을 알 수 있어요. 학교 기호는 학교의 모습과 비슷하고, 교회 기호는 교회의 모습과 비슷한 것처럼 말이에요. 그런데 모양뿐만 아니라 색깔에도 의미가 담겨 있다는 거 아녜요? 빨간색은 빛이나 열과 관련된 것, 관광지, 도로에 사용해요. 검은색은 건물, 산, 철로 등을 나타내고요. 초록색은 들판처럼 지형이 낮은곳, 밭, 과수원을 나타내고, 파란색은 바다, 강과 같이 물과 관련된 것을 나타낸답니다.

교과 연계

3학년 1학기 사회 01. 우리 고장의 모습

3학년 2학기 사회 01. 환경에 따라 다른 삶의 모습

4학년 2학기 사회 01. 촌락과 도시의 생활 모습

4학년 2학기 사회 03. 사회 변화와 문화 다양성

5학년 1학기 사회 01. 국토와 우리 생활

2장
생활 속 지리

논·밭 | 강·바다·호수·저수지 | 육지·섬 | 내륙·해안 | 촌락·도시 | 평야·산지 | 갯벌 | 반도·곶·만 | 일기 예보 | 강우량·강설량

논과 밭은 무엇이 다를까요? 강과 바다의 차이는요? 강우량은 뭐고 강설량은 또 뭘까요? 많이 쓰는 말인데도 설명하려고 하면 뭔가 어렵게 느껴지지 않나요? 사실 지리 개념은 우리의 일상생활과도 깊숙한 연관이 있어요. 생활 속 지리를 이해하면 평소에 익숙하게 다니던 길도, 처음 가 보는 장소도 새롭게 보일 거예요.

논·밭

농사짓는 땅이지만 엄연히 다른 땅

논: 물을 채워 주로 벼를 키우는 땅
밭: 물을 채우지 않고 필요한 때에만 물을 주어 채소나 곡식을 키우는 땅

우리가 매일 먹는 밥과 채소, 과일은 농사를 통해서 얻어지는 것들이에요.
농사를 지으려면 땅이 필요하지요. 농사를 짓는 땅은 크게 논과 밭으로 나뉜답니다.

먼저, 논은 물을 채워 벼를 키우는 땅을 말해요. 벼에서 우리나라 사람들의 주식인 쌀을 얻지요. 논에는 항상 물이 찰랑찰랑 차 있답니다.

빨리 모내기를 끝내야지. 올해도 벼농사가 잘되어야 할 텐데.

지도에서 논은 山 기호로 나타내요.

밭은 논처럼 물을 채워 넣는 것이 아니라, 필요한 때에만 물을 주어 채소나 곡식을 키우는 땅이에요. 상추, 고구마, 파, 양파, 배추와 같은 대부분의 채소가 밭에서 자라지요.

아이고, 오늘은 밭에 물을 줘야겠군!

밭은 지도에서 ılı 기호로 나타내요.

 ## 과수원은 논일까, 밭일까?

과일나무가 자라는 과수원은 땅의 종류를 어떻게 구분할까요? 농사를 짓는 땅을 구분할 때는 물이 차 있는지 그렇지 않은지를 살펴보면 돼요. 물이 차 있다면 논이고, 물이 차 있지 않다면 밭이에요. 과수원은 물을 채우지 않으므로 밭으로 구분되고, 지도에서도 밭 기호로 표시한답니다.

강·바다·호수·저수지
물에도 종류가 있다?

강: 넓고 길게 흐르는 큰 물줄기
바다: 지구 위에서 육지를 뺀 나머지 부분으로, 짠 소금물이 모여 하나로 이어진 거대한 물
호수: 육지 가운데 땅이 푹 파여 들어가 물이 고여 있는, 연못보다 크고 깊은 곳
저수지: 물을 모아 두기 위해 강이나 물줄기를 막아서 물을 많이 모아 놓은 곳

사람이 살아가기 위해서는 반드시 물이 필요해요. 씻고 마시는 물뿐만 아니라, 농사를 짓거나 집을 짓고, 물건을 만드는 데도 물이 필요하기 때문이지요. 그래서 옛날부터 사람들은 물을 쉽게 얻을 수 있는 곳에 살아갈 터전을 마련했어요.

물이 있는 장소는 강, 바다, 호수, 저수지 등이 있어요.

강은 한강, 낙동강처럼 넓고 길게 흐르는 큰 물줄기를 말해요.

강이 흘러 도착하는 바다는 지구에서 육지를 뺀 나머지 부분을 말해요. 지구 면적의 70퍼센트를 차지하는 거대한 물이며, 짠 소금물로 이루어져 있어요.

호수는 육지 가운데 땅이 푹 파여 들어가 물이 고여 있는 곳을 말해요. 연못도 고여 있는 물이지만, 호수의 크기가 훨씬 크고 깊어요.

저수지는 원래 자연 상태에서는 없었는데, 사람들이 필요해서 만든 곳이에요. 농사를 짓는 데 필요한 물을 모아 두기 위해 강이나 물줄기를 막아서 물을 많이 모은 장소를 뜻하지요.

 우리나라만 한 슈피리어 호수

북아메리카에 있는 미국과 캐나다의 국경에는 오대호라고 불리는 큰 호수 다섯 곳이 있어요. 그중 슈피리어라는 호수는 짠 바닷물이 아닌 담수로 이루어진 호수 중에서는 세계에서 가장 넓은 호수라고 해요. 슈피리어 호수의 크기는 우리나라 면적의 4/5 정도로, 직접 가서 보면 호수가 아니라 바다처럼 보일 정도지요.

육지·섬

수많은 생명이 발 딛고 뿌리내린 든든한 기반

육지: 물에 잠겨 있지 않은 큰 땅덩어리
섬: 주변이 모두 물로 둘러싸인 육지

우리나라 헌법에서는 우리나라의 영토를 '한반도와 그 부속 도서로 한다'고 정해 두었어요.

부속 도서란 그 나라 주변에 딸려 있는 크고 작은 섬들을 뜻해요.

물에 잠겨 있지 않은 큰 땅덩어리를 육지라고 부르는데, 육지 중에서도 주변이 모두 물로 둘러싸인 육지를 섬이라고 해요.

섬은 바다에도 있고, 강 한가운데에 있기도 해요. 한강의 여의도나 밤섬 등이 강에 있는 섬이고, 제주도, 울릉도와 독도, 거제도, 진도, 강화도 등은 바다에 있는 섬이지요.

그리고 사람이 사는 섬도 있고, 살지 않는 섬도 있어요. 사람이 살지 않는 섬을 '무인도'라고 해요.

우리나라에서 가장 큰 섬은 여행지로 유명한 '제주도'예요. 제주도처럼 육지에서 멀리 떨어진 섬은 비행기나 배를 타고 가야 하지만, 가까운 섬은 다리를 놓아서 육지와 연결하기도 해요.

우리나라에서 두 번째로 큰 섬인 '거제도'는 '거가대교'라는 큰 다리로 연결되어서 자동차를 타고도 갈 수 있어요.

 섬이 아니지만 섬인 대한민국

한반도는 동쪽, 남쪽, 서쪽 삼면이 바다로 둘러싸여 있어요. 북쪽으로는 러시아, 중국이 있는 땅과 연결되어 있지요. 지도에서 이 땅을 따라가면 저 멀리 유럽까지도 연결되어 있는 것을 볼 수 있어요. 즉, 비행기나 배가 아니라 자동차만 타고서 유럽까지도 갈 수 있다는 뜻이에요. 그런데 현재 우리나라는 남과 북으로 분단되어 있어서 육지를 통해 유럽으로 여행을 갈 수는 없답니다. 섬이 아니지만 마치 섬나라에 사는 것처럼 지내고 있는 거예요.

내륙·해안

주변 환경과 생활에 많은 영향을 주는 바다

내륙: 바다에서 멀리 떨어져 있는 육지
해안: 바다와 육지가 맞닿아 있는 곳

바다에서 멀리 떨어져 있는 육지를 내륙이라고 해요. 반대로 바다와 육지가 맞닿아 있는 곳을 해안이라고 하지요.

우리나라의 대표적인 도시들 중에서 부산이나 인천처럼 바다와 맞닿아 있는 도시들을 해안 도시라고 해요. 그리고 서울이나 대구처럼 육지 안쪽에 있어서 바다와 맞닿아 있지 않은 도시들은 내륙 도시라고 하지요.

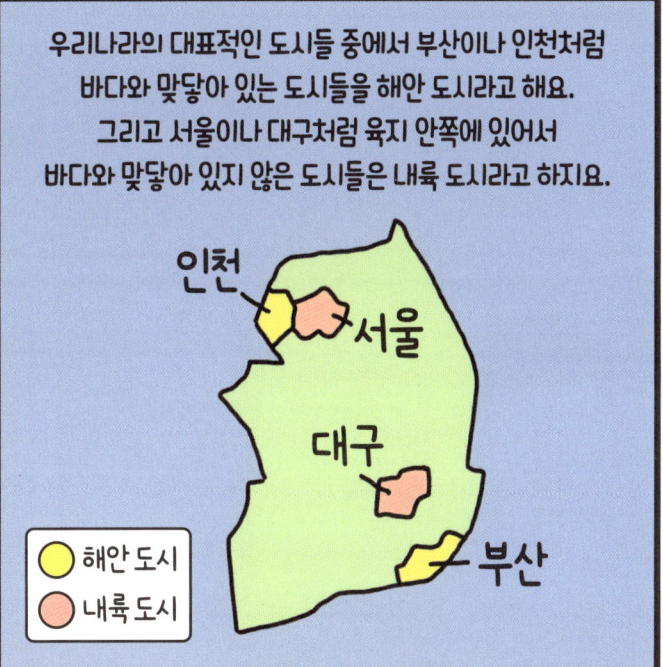

해안 도시 안에서도 바닷가 근처 지역을 해안, 바닷가와 멀리 떨어진 지역은 내륙이라고 부르기도 해요.

해안 도시 중에는 관광객이 많이 찾아오는 해수욕장이나 배가 드나드는 항구가 있는 곳이 많아요.

또, 바닷가 바로 옆에 있어서 내륙보다 습도가 높고, 비교적 따뜻한 편이랍니다.

 ## 바다가 없는 나라도 있다?

세계의 여러 나라 중 일부 국가는 바다와 맞닿은 지역이 없는, 완벽한 내륙에 위치하고 있어요. 이러한 나라들을 내륙 국가라고 하는데, 몽골, 네팔, 우즈베키스탄, 볼리비아, 스위스, 오스트리아, 헝가리, 체코 등이 대표적인 내륙 국가랍니다. 이 나라의 사람들은 바다를 보려면 어쩔 수 없이 해외여행을 가야만 하지요. 그런데 사실 이런 것들은 아주 사소한 문제예요. 나라 전체로 볼 때 바다가 있다는 것은 굉장히 유리한 조건이거든요. 배에 물건을 실어 다른 나라로 수출하기도 좋고, 수산업을 발전시킬 수도 있기 때문이에요.

촌락·도시

각기 다른 환경에서 살아가는 사람들

촌락: 농사를 짓거나 고기잡이 등을 하는 사람들이 모여 사는 시골의 작은 마을
도시: 정치·경제·문화의 중심이 되는, 사람들이 많이 모여 사는 지역

촌락은 시골의 작은 마을을 뜻해요. 자연환경을 이용해 농사를 짓거나 고기잡이 등을 하며 사는 사람들이 모여 있는 곳이지요.

논이나 밭에서 농사를 짓고 사는 '농촌', 고기잡이를 하거나 김, 미역, 조개 등을 따는 '어촌', 산간 지역에 위치하고 산나물을 캐거나 나무를 베는 '산지촌' 등이 있어요.

도시는 정치·경제·문화의 중심이 되는, 사람들이 많이 모여 사는 지역을 뜻해요. 사람들이 많은 만큼 다양한 시설들이 모여 있어 생활이 매우 편리하지요.

도시 중에서도 특히 규모가 큰 도시들을 '대도시'라고 불러요. 우리나라의 대표적인 대도시에는 서울, 부산, 인천, 대구, 광주, 대전, 울산 등이 있어요.

대도시에는 너무 많은 사람들이 모여 살아서 생기는 문제들도 많답니다. 교통 문제, 환경 오염 문제, 주택 문제 등이 대표적이에요.

 도시에는 얼마나 많은 사람이 살고 있을까?

우리나라의 중앙 행정 기관 중 하나인 국토 교통부에서 발표한 자료에 따르면, 우리나라 전체 인구 중 도시에 사는 인구의 비율은 2021년 기준으로 91.8퍼센트라고 해요. 이 말은 1,000명 중 918명이 도시에 살고, 이를 뺀 나머지 82명이 촌락에 살고 있다는 뜻이지요. 이렇게 사람들이 지나치게 도시에 집중되면서 도시는 복잡해지고, 촌락에서는 일할 사람이 줄어드는 문제가 나타나고 있어요.

평야·산지

변화무쌍하고 다채로운 땅의 모습

평야: 평평하고 넓은 땅
산지: 평평한 땅이 적고 산이 많은 곳

땅의 모양이 높아졌다 낮아졌다 하지 않고 평평하고 넓은 땅을 평야라고 해요.

반면, 평평한 땅이 적고 높은 땅이 많은 곳을 산지라고 하지요. 한반도는 70퍼센트 이상이 산지예요. 그래서 우리나라에서는 어느 지역을 가든 산을 어렵지 않게 볼 수 있지요.

산맥 지도

우리나라는 동쪽에 산지가 많고 서쪽에 평야가 많은 특징이 있어요. 특히 전라도 지역에 평야가 넓게 발달해서 예로부터 논농사를 많이 지었어요.

산이 많은 지역에서는 평야처럼 넓게 논이나 밭을 만들 수 없어서 계단식으로 만든 밭과 논에서 농사를 지었어요.

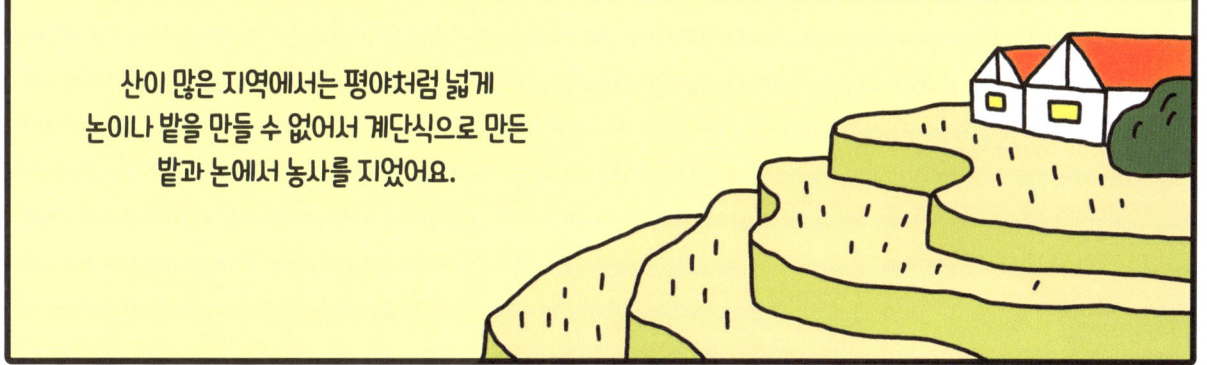

 **우리나라에서 보기 어려운 지평선**

바닷가에서 저 멀리 수평선을 바라본 적 있나요? '수평선'은 바다의 끝과 하늘이 맞닿은 선을 뜻해요. 수평선과 마찬가지로 '지평선'은 평평한 땅의 끝과 하늘이 맞닿은 선을 뜻하지요. 그런데 수평선을 본 친구는 많아도 지평선을 본 친구는 많지 않을 거예요. 우리나라는 산이 많기 때문에 지평선을 보기가 쉽지 않거든요. 우리나라에서는 평야가 넓게 펼쳐진 전라도 지역에 가야 지평선을 볼 수 있어요.

갯벌
바닷물이 드나드는 소중한 생명의 땅

갯벌: 밀물 때는 물에 잠기고 썰물 때는 물 밖으로 드러나는 모래 점토질의 평탄한 땅

밀물처럼 밀려온다는 말을 들어 본 적 있지요? 밀물은 일정한 시각에 밀려 들어오는 바닷물을 말해요. 반대로 일정한 시각에 빠져나가는 바닷물은 썰물이라고 하지요.

그래서 밀물일 때는 바닷물의 높이가 높아지고, 썰물일 때는 바닷물의 높이가 낮아진답니다. 온종일 바닷가에서 관찰하다 보면 바닷물 높이가 눈에 띄게 달라지는 것을 확인할 수 있어요.

썰물 때 물이 빠져나가면 그 자리에는 점토 같은 땅이 나타나는데, 이곳을 갯벌이라고 해요. 갯벌에는 조개, 게, 낙지 등 다양한 생물이 살고 있어요.

갯벌에서 조개잡이 등 여러 가지 체험을 할 수 있어요.

그런데 썰물때는 땅처럼 보이지만 밀물이 되면 순식간에 바닷물이 차오르기 때문에 갯벌 체험을 할 때는 주의해야 해요.

순식간에 바다가 되어 버렸어.

우리나라에서는 바다가 깊지 않은 서해안에 주로 갯벌이 발달했어요.

옥쌤 사회상식 세계의 유산이 된 우리나라 갯벌

유네스코에서는 인류의 소중한 문화나 자연을 보호하기 위해 세계 유산을 지정하고 있어요. 그리고 2021년 7월 '한국의 갯벌'이 세계 자연 유산으로 지정되었어요. 유네스코에서도 우리나라 갯벌의 중요성을 인정해 준 것이지요. 그런데 다른 나라도 아니고 우리나라 갯벌이 세계 자연 유산에 뽑힌 까닭은 무엇일까요? 그 이유는 한국의 갯벌이 철새들을 포함한 무수한 갯벌 생물들의 서식지이기 때문이에요. 우리나라 갯벌은 102종의 이동성 물새를 포함하여 2,169종의 동식물이 보고될 정도로 높은 수준의 생물 다양성을 보유하고 있거든요. 한마디로 한국의 갯벌은 지구 생물 다양성의 보전을 위해 전 지구적으로 가장 중요하고 의미 있는 장소라고 그 가치를 인정받은 것이랍니다.

반도·곶·만
바다와 맞닿은 특이한 모양의 땅

반도: 삼면이 바다로 둘러싸이고 한 면은 육지에 이어진 땅
곶: 육지에서 바다 쪽으로 부리처럼 뾰족하게 뻗은 땅
만: 바다에서 육지 쪽으로 들어간 모양의 땅

세계 지도를 보면, 땅의 모양이 무척 다양한 것을 볼 수 있어요. 그중에서 몇몇 특징을 갖는 땅들은 특별히 이름을 정해 부르기도 해요.

먼저 '반도'는 삼면이 바다로 둘러싸이고 한 면이 육지에 이어진 땅을 뜻해요. 우리가 살고 있는 한반도를 떠올리면 쉬워요.

우리나라는 동·남·서쪽은 바다로 둘러싸이고 북쪽만 육지에 이어져 있는 반도예요. 그래서 우리나라를 한반도라고도 부르는 것이지요. 유럽의 이탈리아도 대표적인 반도 국가랍니다.

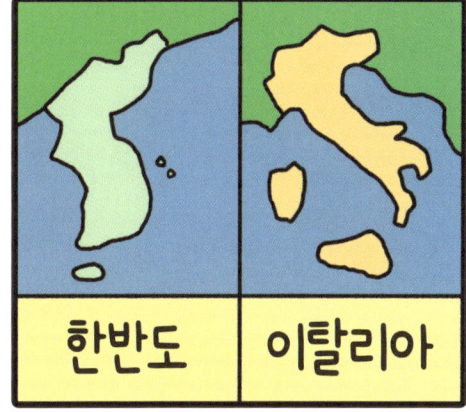

한반도 　 이탈리아

'곶'이라고 부르는 땅도 있는데, 육지에서 바다 쪽으로 부리처럼 뾰족하게 뻗은 땅을 뜻해요. 우리나라의 유명한 곶으로는 포항의 호미곶과 울산의 간절곶이 있어요.

곶　만

'만'은 곶의 반대라고 할 수 있어요. 바다에서 육지 쪽으로 들어간 모양의 땅을 뜻하지요. 만은 강한 파도와 바람을 막아 주기 때문에 항구로 이용되는 경우가 많아요.

옥쌤 사회상식 　 세계의 다양한 반도

삼면이 바다로 둘러싸이고 한 면은 육지로 이어진 반도는 우리나라에서만 볼 수 있는 걸까요? 그렇지 않아요. 한반도뿐만 아니라 세계 여러 곳에서 반도 지형을 볼 수 있어요. 유럽 대륙 서남쪽의 스페인과 포르투갈이 있는 곳에는 이베리아반도가 있어요. 아시아 동남부에는 베트남·타이·말레이시아 등이 있는 인도차이나반도가 있지요. 유럽 북부에는 노르웨이·스웨덴·덴마크 등이 있는 스칸디나비아반도도 있답니다. 미국 동남쪽 끝에는 플로리다반도가 있는데 이곳은 여름에는 시원하고 겨울에는 따뜻하며 교통도 편리해서 세계적인 관광지로 발달하기도 했어요.

일기 예보

사람들의 기분을 좌지우지하는 날씨

일기 예보: 날씨의 변화를 예측하여 미리 알리는 일

놀이공원에 갈 계획을 세울 때 우리는 날씨가 화창하기를 바라지요. 야외에서 일하는 사람들도 늘 날씨에 주목하고요. 이처럼 날씨는 우리 생활에 아주 많은 영향을 끼쳐요.

사람들은 날씨에 관한 정보를 얻기 위해 일기 예보를 찾아봐요. 일기 예보에서는 가장 먼저 기온을 확인할 수 있어요. 기온은 우리 주변에 있는 공기의 온도를 뜻하지요.

우리나라는 여름에 기온이 높고, 겨울에 기온이 낮아요.

일기 예보에서는 습도도 확인할 수 있어요. 습도는 공기 중에 수증기가 들어 있는 정도를 뜻해요. 습도 50퍼센트, 습도 70퍼센트와 같이 표현하는데 숫자가 높아질수록 습도가 높아요.

습도가 낮으면 공기가 건조하다고 표현하고, 습도가 높으면 공기가 습하다고 표현해요.

우리나라는 여름에 습도가 높아서 습도를 낮추는 제습기를 사용하고, 겨울에는 습도가 낮아서 습도를 높이는 가습기를 사용해요.

사람의 성씨에서 유래된 섭씨

우리는 기온을 "℃"라는 기호로 나타내고 '섭씨' 몇 도라고 말해요. 예를 들어, 20℃는 '섭씨 20도'라고 읽지요. 그런데 섭씨는 도대체 무슨 뜻일까요? 뜻밖에도 이것은 사람의 성씨라고 해요. 섭씨온도계를 처음 만든 사람은 스웨덴의 셀시우스(Celsius)라는 과학자인데, 중국에서 이 과학자를 섭씨라고 불렀고, 이것이 우리나라로 건너온 거예요. 김씨, 이씨, 최씨처럼 섭씨가 만든 온도계라는 뜻이지요.

강우량·강설량

비와 눈이 내린 양을 알 수 있다?

강우량: 일정 기간 일정한 곳에 내린 비의 분량
강설량: 일정 기간 일정한 곳에 내린 눈의 분량

일기 예보에서는 기온과 습도 외에 강수량과 풍속 등의 정보도 확인할 수 있어요.

강수량은 강우량과 강설량 등을 합한 양이에요. '강우량'은 일정한 기간 동안 하늘에서 내린 비의 양이고, '강설량'은 일정한 기간 동안 하늘에서 내린 눈의 양이에요. 즉, 강수량은 비, 눈, 우박 등 일정 기간 동안 하늘에서 내린 모든 물의 양을 합한 것이지요.

'풍속'은 바람의 빠르기를 뜻해요. 바람의 빠르기는 1초 동안 바람이 몇 미터까지 부는지를 나타내지요. 바람의 세기는 '풍력'이라고 해요. 풍력은 풍속으로 나타내거나, 0에서 12까지의 풍력 계급으로 나누어 나타내기도 해요.

가장 약한 풍력1은 연기가 살짝 흩날리는 정도이고, 풍력10은 나무가 뿌리째 뽑히고 건물이 부서지는 강력한 바람이지요.

풍력 11과 12는 실제로는 볼 수 없는 사실상 재앙 수준의 바람이에요.

풍속을 말할 때는 바람이 어디서 불어오는지를 나타내는 '풍향'도 함께 알려 줘요. 풍향은 북서풍, 북동풍, 남서풍과 같이 방위를 사용해서 나타내지요.

북서풍이라는 말은 북서쪽에서 불어오는 바람이라는 뜻이에요.

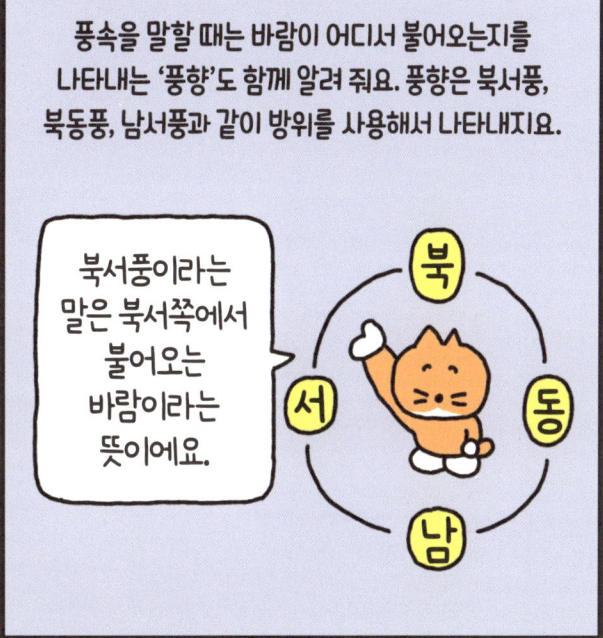

 우리나라에서 가장 눈이 많이 내리는 곳

우리나라에서 눈이 가장 많이 오는 곳은 어디일까요? 주로 북쪽 지방과 산지 지역에 눈이 많이 오는 편이에요. 그런데 최고 강설량의 기록은 의외로 북쪽 지방이 아니랍니다. 강설량을 재기 시작한 이후 최고 기록은 1962년 1월 31일 울릉도에 내린 293센티미터라고 해요. 사람의 키보다 훨씬 높은 3미터에 가까운 눈이 내린 것이지요.

교과 연계

3학년 1학기 사회	01. 우리 고장의 모습
3학년 2학기 사회	01. 환경에 따라 다른 삶의 모습
4학년 1학기 사회	03. 지역의 공공 기관과 주민 참여
5학년 1학기 사회	01. 국토와 우리 생활
6학년 2학기 사회	02. 통일 한국의 미래와 지구촌의 평화
6학년 도덕	05. 우리가 꿈꾸는 통일 한국

3장
우리나라의 지리

한반도 | 우리나라의 섬 | 팔도 | 우리나라의 행정 구역 | 서울특별시 | 광역시 | 경기도 | 강원특별자치도 | 충청도 | 전라도 | 경상도 | 제주특별자치도 | 독도 | 북한

친구들은 어디에 살고 있어요? 서울특별시, 아니면 제주도? 그럼 친구들은 자기가 살고 있는 동네 외에 어디까지 가 봤어요? 저 멀리 독도까지 가 본 친구도 혹시 있나요? 이제부터 우리나라의 수도 서울부터 한반도 가장 동쪽 끝에 있는 독도까지, 우리나라의 지리가 어떻게 이루어져 있는지 구석구석 살펴볼 거예요.

한반도

한민족이 살고 있는 반도

한반도 : 아시아 대륙에서 바다 쪽으로 툭 튀어나와 있는, 한민족이 살고 있는 반도

세 개의 면이 바다로 둘러싸여 있고 한 면은 육지에 이어진 땅을 '반도'라고 해요.

반도는 장점이 많답니다. 옛날에는 바다 건너 다른 지역과 문화를 주고받는 통로가 되었고, 지금은 무역을 발달시키기에 좋지요.

반도의 장점을 살려 동북아시아 무역의 중심지가 되었죠!

우리나라도 아시아 대륙에서 바다 쪽으로 툭 튀어나와 있어 반도예요. 한민족이 산다고 해서 한반도라고 부르지요.

한반도는 동쪽, 서쪽, 남쪽이 바다로 둘러싸여 배를 타고 외국으로 나갈 수도 있고, 중국, 러시아와 닿아 있는 북쪽으로는 차를 타고 외국으로 갈 수도 있어요.

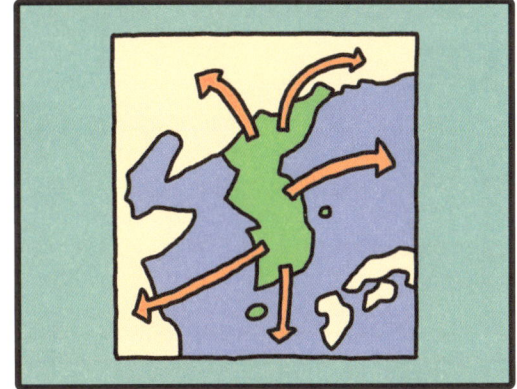

하지만 한반도는 지금 남과 북으로 분단되어 있어서 남쪽에 있는 우리나라는 섬나라와 다름없는 상태지요. 그래서 대한민국 사람들은 차를 타고 육지를 통해 외국으로 갈 수가 없어요. 비행기를 타거나 배를 타야 하지요.

원래 차를 타고 중국도 가고 러시아, 유럽도 갈 수 있지만….

그럴 수 없으니 비행기나 배를 탈 수밖에.

언젠가 남한과 북한이 통일되면 한반도의 장점을 다 누릴 수 있겠지요?

 **옥쌤 사회상식** 한반도기

분단 중인 남한과 북한에는 각각의 정부가 들어섰고, 서로 다른 국기를 사용해요. 우리나라는 태극기, 북한은 인공기를 사용하지요. 올림픽이나 월드컵 같은 스포츠 대회에도 남한과 북한이 따로 참가해요. 그런데 1991년 일본 지바에서 열린 세계 탁구 선수권 대회에서는 처음으로 남한과 북한이 하나의 팀으로 참가했답니다. 이때는 태극기도 인공기도 아닌, 한반도가 그려진 한반도 깃발을 사용했어요.

우리나라의 섬
한반도에 딸린 모든 섬

우리나라의 섬 : 한반도 근처에 딸린, 약 3,300여 개의 크고 작은 모든 섬

우리나라의 가장 기본이 되는 헌법에서는 우리나라의 영토를 '한반도와 그 부속 도서'로 한다고 해 두었어요.

여기서 '부속 도서'란 한반도 근처에 딸린, 크고 작은 모든 섬을 뜻해요.

2021년 기준으로 행정 안전부와 해양 수산부가 조사한 섬의 개수를 합한 결과, 우리나라에 있는 섬의 개수는 총 3,382개라고 해요. 하지만 우리나라는 아직 섬에 대한 명확한 기준이 없어 통계는 조금씩 바뀌고 있어요.

행정 안전부
사람이 사는 섬 464개
무인도 2,918개

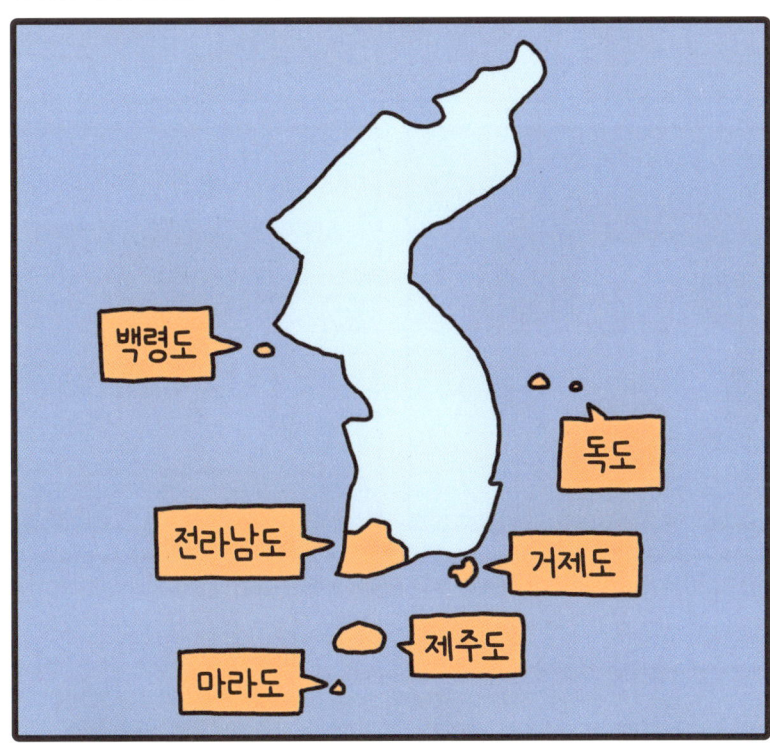

우리나라에서 섬이 가장 많은 지역은 전라남도예요. 우리나라 섬의 절반 이상이 전라남도에 있지요.

그리고 우리나라에서 가장 큰 섬은 제주도, 두 번째로 큰 섬은 거제도예요.

가장 동쪽에 있는 섬은 독도, 가장 서쪽에 있는 섬은 백령도, 가장 남쪽에 있는 섬은 마라도랍니다.

 **옥쌤 사회상식** 섬도 사고팔 수 있다?

땅이나 건물처럼 섬도 사고팔 수 있다는 사실 알고 있나요? 우리나라에 있는 섬들 중에는 나라 소유의 섬도 있지만 개인이 주인인 섬도 꽤 있어요. 그래서 집을 사고파는 것처럼 섬을 사고팔기도 하지요. 사람들은 여가 생활이나 투자의 목적으로 섬을 사고팔곤 해요. 우리나라 한 기업의 회장은 여수에 있는 하트 모양의 섬을 70억에 사기도 했답니다.

팔도

전국 팔도는 어느 지역을 가리키는 말일까?

팔도: 조선 시대에 전국을 8개로 나눈 행정 구역. 강원도·경기도·경상도·전라도·충청도·평안도·함경도·황해도

어떤 한 지역의 살림을 맡아 하는 곳을 '행정 기관'이라고 해요.
그리고 이 행정 기관이 책임지는 지역의 범위를 '행정 구역'이라고 하지요.

행정 구역을 나누는 이유는 행정 기관이 지역의 살림살이를 좀 더 세심하게 관리하기 위해서예요. 학교에서 같은 학년이라도 1반, 2반, 3반으로 나누는 것처럼 말이지요.

조선 시대에 전국을 강원도, 경기도, 경상도, 전라도, 충청도, 평안도, 함경도, 황해도 등 8개의 행정 구역으로 나누었어요. 그리고 지금까지도 이 행정 구역의 이름을 그대로 사용하고 있어요.

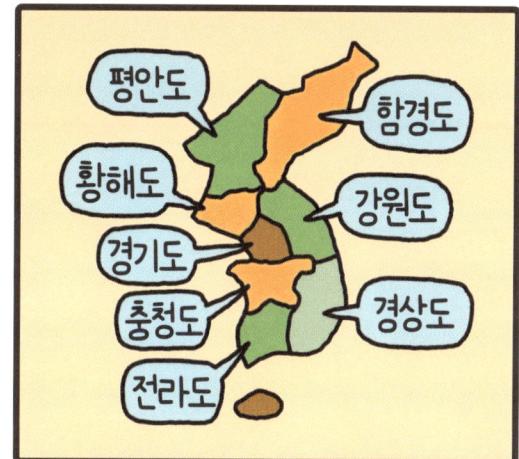

그래서 팔도라는 말은 한반도 전체를 뜻하기도 하지요. '팔도강산'이라는 말을 들어 본 적 있지요? 팔도강산이란 한반도의 모든 강과 산을 합쳐 부르는 말로, 우리 국토의 아름다운 모습을 표현한 말이에요.

팔도강산은 한반도 전체의 강과 산을 뜻해요. 역시 한반도 전체를 뜻하는 말이죠.

팔도 중에 평안도, 함경도, 황해도, 강원도 일부는 오늘날 북한 지역에 속해요.

현재 남한 지역은 경기도, 강원특별자치도, 충청북도, 충청남도, 전북특별자치도, 전라남도, 경상북도, 경상남도, 제주특별자치도, 이렇게 9개의 도로 나뉘어져 있지요.

제주도는 조선 시대에는 전라도에 속해 있었어요.

 **옥쌤 사회상식** 팔도 사투리

다른 지역의 사투리를 들어 본 적 있나요? 사투리는 '방언'이라고도 하는데, 어떤 지역에서만 쓰는 독특한 억양이나 말투, 단어 같은 것들을 말해요. 옛날에는 교통이 발달하지 않아 다른 지역과 왕래하기가 어려웠고, 태어나서 죽을 때까지 고향을 떠나지 않는 경우가 많았어요. 그렇다 보니 다른 지역들과 억양이나 단어 등이 조금씩 달라진 것이지요. 한반도의 팔도 지역에서는 저마다 특색 있는 사투리를 사용해요. 예를 들어, '할아버지'라는 단어를 강원도와 경상도에서는 '할배', 제주도에서는 '하르방'이라고 말한답니다.

우리나라의 행정 구역

행정 기관의 권한이 미치는 일정한 구역

우리나라의 행정 구역 : 특별시·광역시·도·시·군·구·읍·면·동·리

학교에서는 같은 학년을 여러 반으로 나누고, 반 안에서도 또다시 분단이나 모둠으로 나누어 다양한 활동을 해요.

이처럼 나라의 행정 구역도 전국을 작은 단위로 나누어 놓았어요.

우리나라의 행정 구역은 크게 특별시·광역시·도로 나뉘어요.

특별시	광역시	도	특별자치시	특별자치도
서울	부산, 대구, 인천, 광주, 대전, 울산	경기도, 경상남도, 경상북도, 전라남도, 충청남도, 충청북도	세종시	제주도 강원도 전라북도

세부적으로는 시·군·구·읍·면·동·리로 나뉘지요. '시'로 갈수록 큰 행정 구역이고, '리'로 갈수록 작은 행정 구역이에요.

우리나라의 행정 구역은 17개의 특별시·도 밑에 시·군·구·읍·면·동·리가 있지요.

이것은 각자 집의 주소를 봐도 알 수 있지요. 특별시나 도가 가장 먼저 나오고, 그 뒤로 시나 군·구, 읍·면·동·리의 순서로 나오는 것을 볼 수 있어요.

반의 대표를 반장, 모둠의 대표를 모둠장이나 조장이라고 부르는 것처럼 각 행정 구역을 책임지는 사람을 부르는 이름도 있어요.

도를 책임지는 사람을 '도지사', 시나 특별시, 광역시를 책임지는 사람은 '시장', 군은 '군수', 구는 '구청장', 읍은 '읍장', 면은 '면장', 리는 '이장'으로 불러요.

전라북도지사입니다.
서울시장입니다.
종로구청장이에요.

 **옥쌤 사회상식** ## 지역 살림을 하는 사무실

'청'은 행정 기관을 뜻하는 말이에요. 경찰청, 병무청, 소방청처럼요. 행정 구역의 구분에 따라 지역 살림을 하는 행정 기관은 도청, 시청, 군청, 구청 등과 같이 불러요. 그리고 이런 행정 구역의 일을 처리하는 사무실로 쓰기 위해 지은 건물을 '청사'라고 해요. 만약 누군가 '시청사'라고 말한다면 시청 건물을 뜻하는 것이랍니다.

서울특별시

대한민국의 수도이자 세계적인 거대 도시

서울특별시 : 대한민국의 중앙 정부가 있는 수도

한 나라의 살림을 책임지는 중앙 정부가 있는 도시를 '수도'라고 해요.

우리나라의 수도는 서울특별시예요. 그래서 국회 의사당, 대통령 집무실 등 중요한 기관이나 시설들이 서울에 많이 있지요.

그리고 정부 기관과 밀접한 관계를 맺는 기업이나 방송국 같은 곳도 자연스레 서울에 자리 잡게 되었어요.

정부 기관과 가까워야 일하기 편하니까요.

서울은 우리나라에서 가장 많은 사람이 모여 사는 도시예요. 지금은 약 940만 명 정도의 인구가 살고 있는데, 인구가 많을 때는 1,000만 명이 넘는 사람이 서울에 살았다고 해요.

서울의 한가운데로 '한강'이라는 큰 강이 흐르고 있고, 한강을 따라 종로구, 중구, 용산구를 비롯한 25개의 구가 있어요.

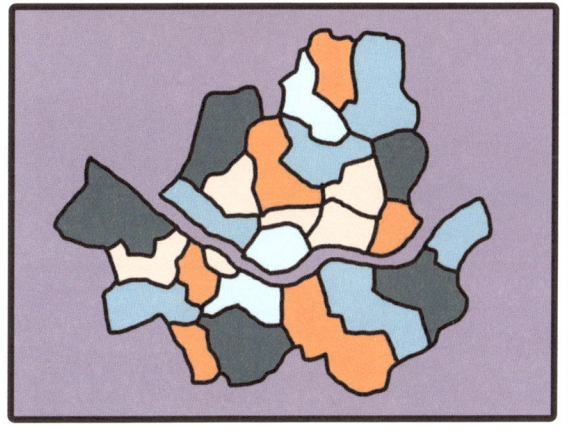

어떤 지역을 대표하는 건물이나 유적지 등을 랜드마크라고 하는데, 서울의 랜드마크는 남산 서울 타워, 광화문 등이에요.

 **옥쌤 사회상식**

서울의 원래 뜻

'서울'은 사실 한 나라의 수도를 나타내는 순우리말이에요. 그러나 지금은 우리나라의 수도인 서울특별시를 가리키는 단어로 사용되지요. 서울이 우리나라의 수도가 된 것은 이성계가 조선을 건국하고 2년 뒤인 1394년부터예요. 성을 짓고 백성들이 살기 좋으며 전국 팔도를 다스리기 좋은 위치를 찾은 끝에 지금의 서울 지역을 수도로 결정했던 것이지요. 조선 시대에는 서울을 '한양', '한성', '경성' 등으로 불렀답니다.

광역시

다른 행정 구역에 속하지 않은 6개의 대도시

광역시: 인구가 100만 명이 넘는 6개의 큰 도시. 광주·대구·대전·부산·울산·인천

수도인 서울특별시 다음으로 큰 도시는 어디일까요? 바로 광역시예요. 광역시는 인구가 100만 명이 넘는 큰 도시들을 말하지요.

옛날에는 '직할시'라고 불렀는데, 1995년 1월부터 '광역시'로 고쳐 부르고 있지요.

우리나라에는 부산(인구 약 329만 명), 인천(인구 약 300만 명), 대구(인구 약 237만 명), 대전(인구 약 144만 명), 광주(인구 약 142만 명), 울산(인구 약 110만 명) 등 6개의 광역시가 있어요.

인구가 많은 만큼 광역시에는 지하철, 공항과 같은 편의 시설이 풍부해요. 큰 기업들이 자리 잡고 있어서 일자리도 많지요.

광역시는 왜 우리나라 전체에 6곳뿐이죠? 모두 광역시를 하면 좋잖아요?

그런데 단지 인구가 많거나 주민들이 원한다고 해서 모든 지역이 광역시가 될 수 있는 것은 아니에요.

다양한 조건들이 맞아야만 비로소 광역시가 될 수 있답니다.

나라 전체와 그 주변 지역에서 얼마나 중요한 역할을 하는 도시인가?

다른 도시의 도움 없이 그 지역의 세금만으로 충분히 지역 살림을 운영할 수 있는가?

 ## 광역시가 없는 지역

우리나라의 행정 구역을 살펴보면 경상도에는 부산광역시, 대구광역시, 울산광역시 3개의 광역시가 있어요. 그리고 전라도에 광주광역시, 충청도에 대전광역시, 수도권 지역에 인천광역시가 있지요. 그런데 강원도와 제주도에는 광역시가 한 곳도 없답니다. 이곳들은 지리적 특성상 대도시가 발달하지 못했기 때문이에요. 그러나 2006년에 제주도를 시작으로 2023년에 강원도, 2024년에는 전라북도까지 특별자치도가 되면서 보다 균형적인 지역 발전을 할 수 있게 되었어요.

경기도

가장 많은 인구가 모여 사는 수도권

경기도: 우리나라 중서부에 있는, 서울특별시와 가장 가까운 행정 구역

경기도는 서울특별시와 가장 가까운 행정 구역이에요. '경기'라는 말부터가 '서울 주위의 지방' 이라는 뜻이지요.

경기도는 서울과 가까워서 많은 사람이 살고 있어요. 경기도의 인구는 약 1,360만 명이 넘는다고 해요.

경기도를 '수도권'이라고 말하기도 하는데, 수도권은 수도를 중심으로 이루어진 주변의 대도시들을 말해요. 그래서 경기도는 서울특별시, 인천광역시와 함께 수도권에 포함되지요.

수도권인 경기도 지역은 서울만큼 다양하고 편리한 혜택을 누릴 수 있지만 불편한 점도 있어요.

경기도의 유명한 관광지로는 정조가 지은 화성이 있는 수원, 한국 민속촌이 있는 용인 등이 있고, 경기도의 특산물은 김포·여주·이천의 쌀, 수원의 갈비 등이 있어요. 유명한 축제로는 양평의 빙어 축제가 있지요.

 수도권에 집중된 사람들

서울·경기·인천 지역에 사는 인구만 약 2,600만 명이라고 해요. 우리나라 인구가 약 5,200만 명이니, 우리나라 사람 중 절반이 수도권에 살고 있다는 뜻이지요. 수도권에만 너무 많은 인구가 집중되다 보니 수도권의 주택 가격이 다른 지역과 비교해 지나치게 높아지고, 각종 편의 시설들이 수도권에만 생겨나는 문제점이 나타났어요. 그래서 정부에서는 다른 지역으로 인구를 분산시키기 위해 산업 시설을 옮기거나 새로운 도시를 건설하는 등 다양한 노력을 하고 있어요.

강원특별자치도

남과 북 모두에 있는 유일한 행정 구역

강원특별자치도 : 우리나라 중동부에 있는 행정 구역

강원특별자치도는 그 지역에서 가장 큰 도시였던 '강릉'과 '원주'에서 한 글자씩 따서 만든 행정 구역의 이름이에요.

강원도에는 '태백산맥'이라는 커다란 산맥이 자리 잡고 있어요. 이 태백산맥을 기준으로 동쪽은 '영동 지방', 서쪽은 '영서 지방'이라고 불러요.

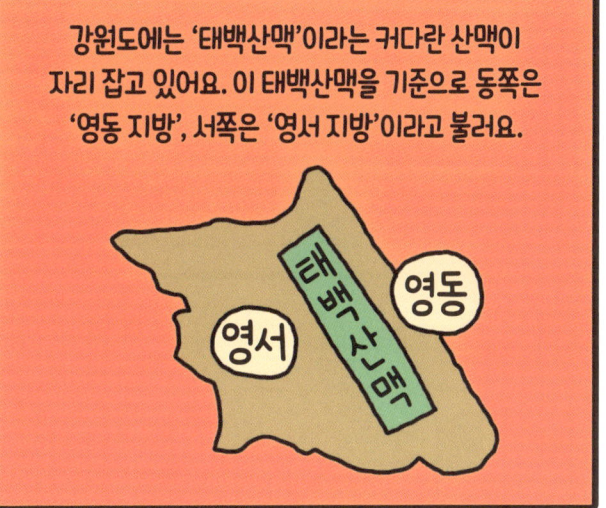

강원도 지역 대부분은 산지 지형이고, 겨울에는 특히 눈이 많이 온답니다. 그래서 강원도에는 유명한 스키장이 많아요.

역시 스키는 강원도!

강원도의 유명한 관광지는 흔들바위가 있는 속초의 설악산, 해돋이로 유명한 강릉의 정동진, 평창의 대관령 양 떼 목장 등이 있어요.

강원도의 유명한 특산물과 음식은 횡성의 한우, 춘천의 닭갈비와 막국수, 강릉의 감자옹심이와 속초의 오징어순대 등이 있지요. 유명한 축제로는 화천의 산천어 축제가 있어요.

옥쌤 사회상식: 북한에도 강원도가 있다?

강원특별자치도는 우리나라의 행정 구역 중에 유일하게 남한과 북한으로 나누어진 행정 구역이에요. 지도를 살펴보면 남한에도 강원도가 있고 북한에도 강원도가 있는 것을 볼 수 있어요. 북한은 우리나라와 별개로 정부를 구성했으면서 행정 구역의 이름은 왜 바꾸지 않고 그대로 두었을까요? 그 이유는 남북한 모두 조선 시대에 정했던 행정 구역을 바탕으로 하기 때문이에요. 이념과 정치적인 이유로 분단된 상태지만, 지리적으로는 여전히 남북이 하나라는 것을 알 수 있는 부분이랍니다.

충청도

지역 균형 발전의 대표적인 사례

충청도 : 우리나라 중남부에 있는 충청북도와 충청남도

전라도

찬란한 백제 문화를 꽃피웠던 호남 지방

전라도 : 우리나라 서남부에 있는 전북특별자치도와 전라남도

전라도는 전북특별자치도와 전라남도를 함께 부르는 말이에요. 전북특별자치도에 있는 '전주'와 전라남도에 있는 '나주'에서 한 글자씩을 따서 만든 행정 구역의 이름이지요.

전라도 지역도 충청도와 마찬가지로 삼국 시대 때 백제의 영토에 속해 있었어요. 전북특별자치도 익산의 미륵사지 석탑과 왕궁리 유적이 대표적인 백제 유적이지요.

미륵사지 석탑   왕궁리 유적

예전부터 전라도를 '호남 지방'이라고 부르기도 했어요. 호남 지방에는 우리나라의 대표적인 곡창 지대인 호남평야와 나주평야가 있지요.

옛날에는 농업이 전라도를 대표하는 주요 산업이었지만, 오늘날은 철강·석유 화학 산업도 발전했어요.

전라도의 유명한 관광지로는 멋진 갈대밭을 볼 수 있는 순천만 습지, 대나무 숲으로 유명한 담양의 죽녹원, 보성의 녹차밭 등이 있어요.

세계에서 가장 긴 방조제인 새만금 방조제도 또 다른 볼거리죠.

전라도의 유명한 특산물과 음식은 순창의 고추장, 여수의 갓김치, 벌교의 꼬막, 전주의 비빔밥 등이 있어요. 전라도의 유명한 축제는 순천의 순천만 갈대 축제가 있지요.

 **옥쌤 사회상식** ## 전라도에서 갈 수 있는 땅끝 마을

한반도에서 가장 남쪽 끝은 어디인지 궁금하지 않나요? 그곳은 바로 전라남도 해남에 위치한 갈두마을이에요. 이 마을은 섬을 제외하고 한반도에서 갈 수 있는 가장 남쪽에 위치한 곳이에요. 그래서 이곳을 땅끝 마을이라고도 부르지요. 갈두마을에서는 동쪽 바다에서 떠오르는 일출과 서쪽 바다로 저무는 일몰을 모두 볼 수 있어요. 매년 연말연시가 되면 다채로운 프로그램들과 함께 해넘이 해맞이 축제도 한답니다. 그래서 많은 사람들이 우리나라 국토 최남단에 있는 땅끝 마을에서 탁 트인 바다와 해를 보러 이곳으로 찾아가고 있어요.

경상도

수도권 다음으로 인구가 많은 영남 지방

경상도 : 우리나라 남동부에 있는 경상북도와 경상남도

경상도는 경상북도와 경상남도를 함께 부르는 말이에요.
경상북도에 있는 '경주'와 '상주'에서 한 글자씩 따서 만든 행정 구역의 이름이지요.

경상도 지역을 가리켜 '영남 지방'이라고 말하기도 해요. 영남 지방에는 우리나라에서 수도권 다음으로 많은 인구가 살고 있어요.

경상도 지역은 옛날 삼국 시대 때 신라의 영토였어요. 신라의 수도였던 경주는 도시 전체가 박물관이라고 불릴 정도로 신라의 유물과 유적이 많답니다.

또, 조선 시대 때에는 안동 지방을 중심으로 유교 문화가 활짝 꽃피기도 했어요.

오늘날 경상도는 우리나라의 산업과 경제를 이끄는 중요한 지역이에요.

공장을 짓기도 좋아요.
바다가 가까워서 무역하기에 좋답니다.

포항(철강)   울산(자동차)   부산(무역)

유명한 관광지로는 불국사와 석굴암이 있는 경주, 예쁜 벚꽃을 볼 수 있는 진해, 팔만대장경이 있는 합천의 해인사, 하회탈이 만들어진 안동의 하회 마을 등이 있어요.

경상도의 유명한 특산물과 음식은 영덕의 대게, 포항의 물회, 상주의 곶감 등이 있어요. 유명한 축제는 진주의 유등 축제가 있지요.

영덕 대게   상주 곶감

우리나라에서 일본이 보일까?

지도를 보면 우리나라와 일본의 거리는 매우 가깝게 표시되어 있어요. 실제로도 거리가 가까워서 흔히들 우리나라와 일본을 이웃 나라라고 말하곤 하지요. 그럼 우리나라에서 일본을 눈으로 볼 수도 있을까요? 경상남도에 위치한 부산에서는 그런 일이 가능하다고 해요. 부산에서는 날씨가 맑은 날에 일본의 대마도를 맨눈으로 볼 수 있어요. 그만큼 거리가 가깝다는 말인데, 대마도가 일본 본토보다 우리나라와 더 가까이 있기 때문에 가능한 일이지요. 부산과 대마도의 거리는 약 50킬로미터 정도라고 해요. 배를 타면 한 시간이면 도착할 수 있는 거리랍니다.

제주특별자치도

대한민국에서 가장 큰 아름다운 화산섬

제주특별자치도 : 한반도 서남쪽 바다에 있는, 우리나라에서 가장 큰 섬

남해에 있는 제주도는 우리나라에서 가장 큰 섬이자, 가장 유명한 관광지예요.

제주도는 육지에서 떨어져 있어서 제주도만의 색다른 자연과 문화가 발달했지요.

제주도는 옛날부터 '여자', '바람', '돌' 세 가지가 많은 섬이라는 뜻의 '삼다도'라고 불렸어요.

제주도는 화산이 폭발하여 만들어진 화산섬이에요. 섬 중앙에는 한라산이 있으며, 그 주변으로 용암 동굴과 주상 절리 등 신비롭고 아름다운 화산 지형이 발달해 있어요.

날씨가 따뜻한 편이어서 육지에서는 기르지 못하는 감귤이나 열대 과일들을 재배해요.

2006년, 제주도는 특별자치도가 되었어요. 사람과 상품, 자본의 이동이 자유로운 국제 자유 도시가 된 것이지요.

아시아 최고의 관광 도시로 발돋움했어요!

유명한 관광지로는 멋진 일출을 볼 수 있는 성산 일출봉, 대한민국에서 가장 높은 산인 한라산, 화산 활동으로 만들어진 만장굴 등이 있어요.

한라산 백록담 / 만장굴 / 성산 일출봉

제주도의 유명한 특산물과 음식은 감귤, 흑돼지구이, 갈치구이, 우도의 땅콩 등이 있어요. 유명한 축제로는 노란 유채꽃을 볼 수 있는 유채꽃 축제가 있지요.

얼마나 많은 사람들이 제주도를 찾을까?

우리나라에서 가장 대표적인 여행지 중 하나가 제주도예요. 제주도는 산, 바다, 동굴 등 멋진 자연환경과 다양하고 편리한 관광 시설이 있어서 여행을 하기에 참 좋은 곳이에요. 그래서인지 많은 사람들에게 오랜 시간 사랑받아 온 국내 여행지 중 하나랍니다. 예전에는 신혼부부가 가장 가고 싶어 하는 신혼여행지이기도 했어요. 그 인기를 증명이라도 하듯 매년 1,000만 명이 넘는 사람들이 제주도를 찾는다고 해요. 외국인들 중에서는 중국인들이 제주도를 가장 많이 방문한다고 하네요.

독도

소중한 대한민국의 땅

독도 : 한반도 가장 동쪽 끝에 있는 대한민국의 섬

'경상북도 울릉군 울릉읍 독도리.' 바로 독도의 주소예요.

울릉도에서 87.4킬로미터 떨어진 곳에 있는 독도는 우리나라의 가장 동쪽 끝에 있는 섬이지요. '동도'와 '서도'라는 두 개의 큰 섬으로 이루어져 있어요.

일본이 독도가 자기네 땅이라고 억지 주장을 하고 있어요. 하지만 독도는 옛날부터 우리나라 땅이었어요.

《삼국사기》, 《고려사》, 《세종실록》, 《신증동국여지승람》 등의 옛 역사책과 다양한 기록뿐만 아니라, 일본이 직접 만든 옛날 지도에서도 독도가 우리 땅이라는 증거를 찾을 수 있지요.

《삼국사기》에는 신라 지증왕 때 우산국을 신라가 정복한 사실이 기록되어 있어요.

우산국은 삼국 시대에 동해에 있었던 작은 나라로, 오늘날의 울릉도와 독도를 가리켜요.

조선 시대에 그려진 '팔도총도'라는 지도에도 울릉도와 독도가 있지요.

그래서 대한민국 국민이라면 누구나 울릉도에서 배를 타고 독도에 갈 수 있어요. 지금 이 순간에도 우리나라의 독도 경비대가 독도를 지키고 있답니다.

무인도인 줄 알았는데 독도 경비대가 독도를 지키고 있었구나.

매년 10월 25일은 '독도의 날'이에요. 이 날은 대한 제국의 고종 황제가 1900년 10월 25일, 독도를 울릉도의 부속 섬으로 분명하게 정한 날을 기념하기 위해 만든 날이라고 해요.

북한

가장 가깝지만 갈 수 없는 한반도의 북쪽

북한: 남북으로 분단된 「대한민국」의 휴전선 북쪽 지역

조선 시대에 정한 행정 구역인 팔도 중에는 황해도, 평안도, 함경도가 있어요.
이곳들은 북한 지역이어서 안타깝게도 직접 가 볼 수는 없어요.

황해도는 '황주'와 '해주'에서 한 글자씩 가져와 만든 이름이에요.

평안도는 '평양'과 '안주'에서 한 글자씩 가져왔죠.

함경도는 '함흥'과 '경성'에서 이름을 붙인 것이지요.

'금강산도 식후경'이라는 속담에 나오는 금강산은 바로 북한에 있답니다.
우리나라의 강원도와 이어진 북한의 강원도에 아름다운 금강산이 있어요.

남한의 면적은 100,431제곱킬로미터이고 북한의 면적은 120,540제곱킬로미터로 남한보다 북한의 땅이 더 넓어요. 북한은 산지가 많은 편이지요.

북한은 북쪽으로 중국·러시아와 접하고 있어요. 만약 통일이 된다면 비행기나 배를 타지 않고 북한을 통해서 두 나라를 여행할 수 있겠지요?

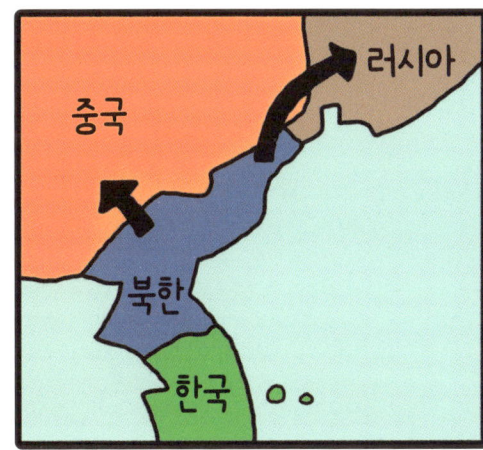

 **북한의 냉면**

북한에 직접 가서 먹을 수는 없지만 북한 지역의 전통 음식을 남한에서도 어렵지 않게 맛볼 수 있어요. 대표적인 북한 지역의 음식으로 평양냉면과 함흥냉면이 있지요. 평양냉면은 메밀국수에 찬 장국을 부어 만든 평양의 음식으로, 처음 맛보면 예상보다 훨씬 싱겁고 담백한 맛에 놀라게 된답니다. 함흥냉면은 국물 없이 생선회를 곁들여 맵게 비벼 먹는 함흥의 음식으로, 평양냉면과는 달리 매콤달콤한 맛을 느낄 수 있어요.

교과 연계

3학년 2학기 사회 01. 환경에 따라 다른 삶의 모습
4학년 2학기 사회 03. 사회 변화와 문화 다양성
6학년 2학기 사회 01. 세계의 여러 나라들
6학년 도덕 06. 함께 살아가는 지구촌

4장
대륙과 대양

대륙의 기준 | 대륙의 구분 | 아시아 | 유럽 | 아프리카 | 아메리카 | 오세아니아 | 남극 | 오대양

지구는 아시아, 유럽, 아프리카, 아메리카, 오세아니아, 남극 같은 대륙과 태평양, 대서양, 인도양, 북극해, 남극해 같은 대양으로 이루어져 있어요. 그중 우리 친구들은 아시아에 살고 있고요. 대륙과 대양에 대해 알게 되면 우리가 얼마나 넓은 세상에 살고 있는지 새삼 놀랍고 신기하게 느껴지지요.

대륙의 기준

얼마나 커야 대륙이라고 부를까?

대륙의 기준 : 그린란드보다 크면 대륙, 그린란드보다 작으면 섬

우주에서 지구를 바라보면 어떻게 보일까요? 아마 몇 개의 큰 땅덩어리와 이를 둘러싼 바다가 가장 먼저 눈에 띌 거예요.

지구의 큰 땅덩어리를 대륙이라고 불러요. 말 그대로 '큰 땅'이라는 뜻이지요.

그런데 얼마나 커야 큰 땅이라고 할 수 있을까요? '크다'의 기준은 사람마다 다를 수 있는데 말이에요.

사람들은 대륙의 기준을 세계에서 가장 큰 섬인 '그린란드'로 정했어요. 바다로 둘러싸인 어떤 땅이 그린란드보다 크면 대륙이고, 그린란드보다 작으면 섬이라고 부르기로 했지요.

참고로 그린란드의 면적은 약 216만 제곱킬로미터로 우리나라보다 20배 이상 더 크답니다.

대륙은 지구의 몇 퍼센트일까?

우주에서 지구를 보면 푸른색으로 보이는 바다와 갈색이나 초록색으로 보이는 대륙이 보여요. 이 중에서 대륙이 차지하는 면적은 얼마나 될까요? 약 30퍼센트라고 해요. 나머지 약 70퍼센트는 바다이지요. 그렇게 따지고 보면 지구 전체에서 30퍼센트 정도의 작은 면적에 80억이나 되는 인구가 모여 살고 있는 셈이랍니다. 땅은 한정되어 있는데 전 세계의 인구는 지금도 매년 조금씩 늘어나고 있어요. 그만큼 환경이 오염되고 물과 식량이 부족해지는 등의 부작용도 많이 발생하고 있지요. 이런 상황에서 모두가 행복하게 살기 위해서는 어느 한 나라가 아니라 세계 각국이 함께 머리를 맞대어 고민할 필요가 있어요.

대륙의 구분

대륙을 어떻게 구분하는 게 좋을까?

대륙의 구분: 관점에 따라 대륙을 4대륙, 5대륙, 6대륙, 7대륙으로 나눔

지구의 큰 땅덩어리, 대륙도 자세히 보면 몇 개로 나뉘어 있어요. 각각의 대륙에서는 다소 다른 생김새의 사람들이 각기 다른 문화를 발달시키며 살아가지요.

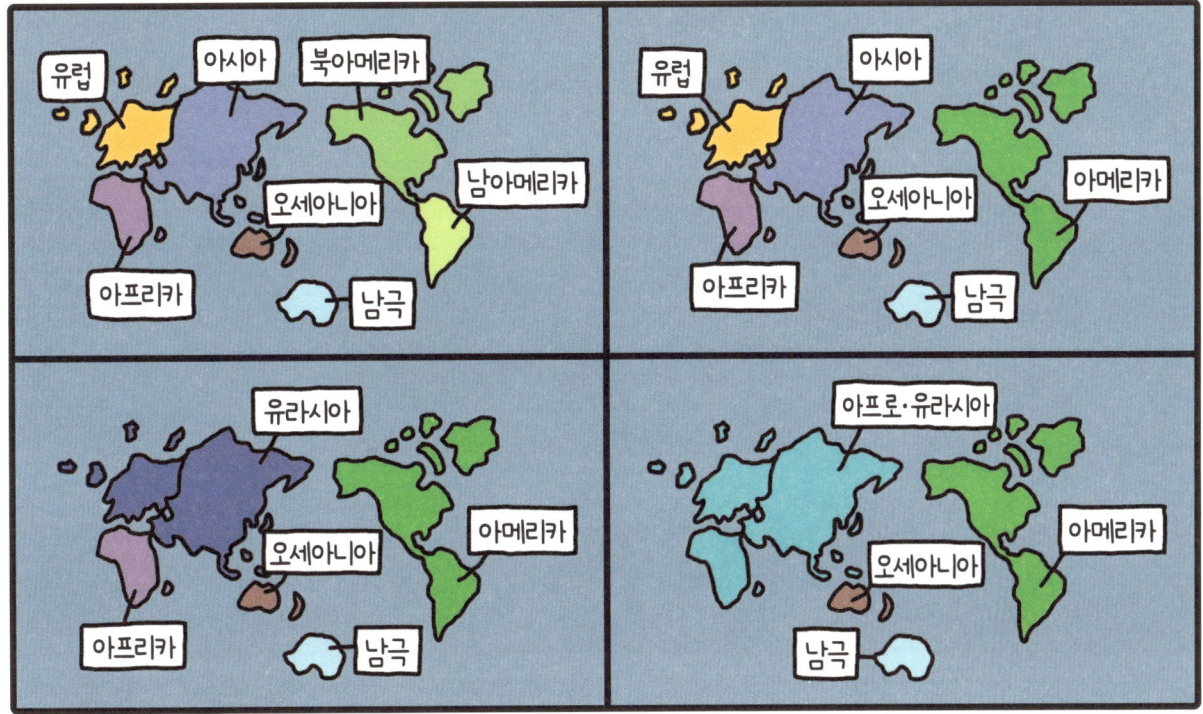

 ## 원래 대륙은 하나였다?

여러 대륙의 모습을 자세히 살펴보면 마치 퍼즐처럼 이어 붙일 수 있을 것 같아요. 서로 멀리 떨어진 대륙에서 비슷한 화석이나 지층이 나타나기도 하고요. 그래서 어떤 과학자들은 지금의 여러 대륙이 원래는 하나의 대륙이었을 거라고 추측하고 있어요. 하나였던 대륙이 이동했다고 해서 '대륙 이동설'이라고 하지요. 물론 이 이론이 세상에 나왔을 때 사람들은 그 사실을 쉽게 믿을 수가 없었어요. 거대한 대륙이 이리저리 이동한다는 걸 받아들이기란 사실 쉬운 일이 아니었지요. 또 그게 가능하다고 해도 대륙을 움직이는 힘이 무엇인지 정확히 제시하지 못했고요. 대륙 이동설에 대한 연구는 앞으로도 계속되어야 하겠지만, 지금은 처음 이론이 발표되었던 과거보다는 이 이론이 힘을 얻고 있답니다.

아시아

대한민국이 속한 세계에서 가장 큰 대륙

아시아: 지구상에서 가장 크고, 가장 많은 인구가 사는 대륙

우리나라가 속해 있는 아시아 대륙은 전 세계 육지 면적의 약 30퍼센트를 차지하는, 가장 큰 대륙이에요.

일본과 몰디브, 필리핀처럼 섬나라들까지 아시아 대륙에 포함하죠.

동시에 세계 인구의 약 60퍼센트가 모여 사는, 인구가 가장 많은 대륙이기도 하고요.

우리가 세계에서 인구가 가장 많은 나라, 1위와 2위를 다투거든!

중국　인도

아시아 대륙은 위치에 따라 동아시아, 동남아시아, 서아시아, 중앙아시아 등으로 구분해요. 우리나라는 일본, 중국과 함께 아시아 대륙의 동쪽, 즉 동아시아에 위치해 있어요.

아시아 대륙이 넓은 만큼 각 지역에 나타나는 기후도 무척 다르답니다.

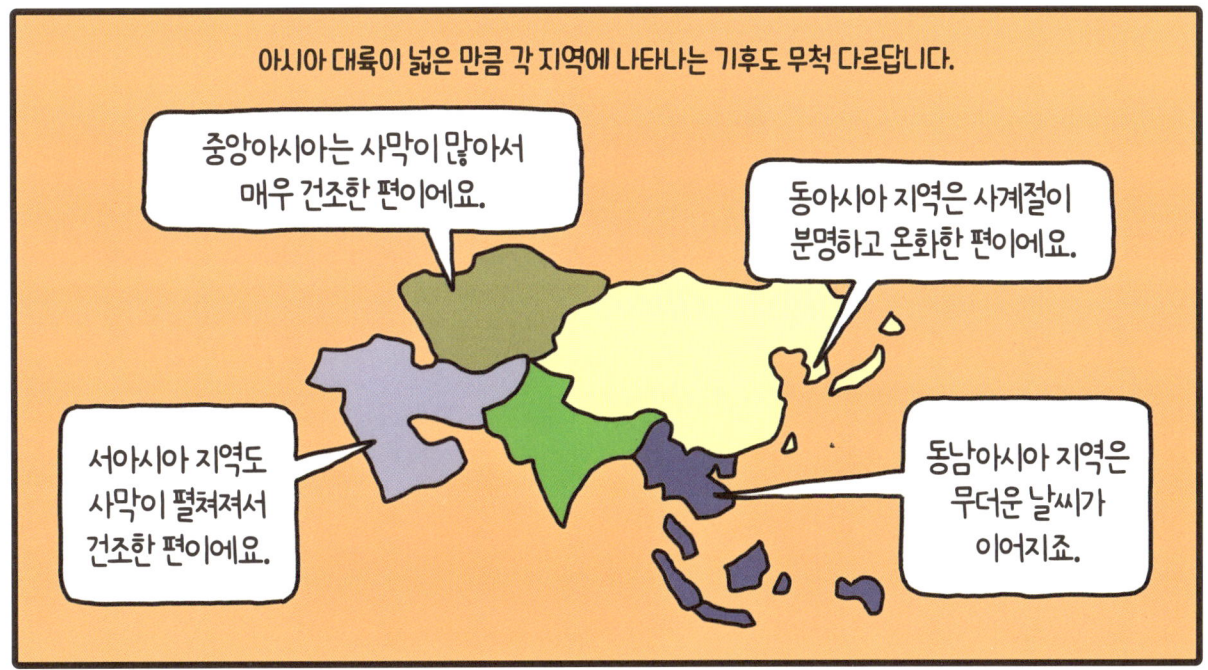

중앙아시아는 사막이 많아서 매우 건조한 편이에요.

동아시아 지역은 사계절이 분명하고 온화한 편이에요.

서아시아 지역도 사막이 펼쳐져서 건조한 편이에요.

동남아시아 지역은 무더운 날씨가 이어지죠.

아시아에서는 주로 쌀농사를 짓기 때문에, 아시아 대륙에 있는 대부분의 나라들이 밥을 주식으로 하지요.

유럽

서구 문명이 시작된, 작지만 다채로운 대륙

유럽: 아시아 대륙의 서쪽에 있는, 세계에서 두 번째로 작은 대륙

유럽은 아시아의 서쪽에 있는 대륙이에요. 약 50개 안팎의 많은 나라들이 모여 있지만, 세계에서 두 번째로 크기가 작은 대륙이지요.

유럽 대륙에는 해리 포터 시리즈가 탄생한 영국, 미식가의 나라 프랑스, 멋진 자동차를 만드는 독일 등 우리에게 친숙한 나라들이 많아요.

유럽 대륙도 위치에 따라 동유럽·서유럽·남유럽·북유럽으로 구분해요.

북유럽 지역은 북극과 가까워서 날씨가 춥고 많은 눈을 볼 수 있어요.

서유럽은 일찌감치 각종 산업이 발달해서 선진국들이 많아요.

남유럽은 늘 따뜻해서 휴양지가 많고 농작물도 많이 생산되지요.

동유럽은 역사적인 이유로 경제 발전이 다소 늦어진 편이에요.

유럽에서는 밀로 만든 빵을 주식으로 하는 나라가 많아요. 또, 유럽인들이 많이 먹는 포도와 올리브는 따뜻한 남유럽에서 많이 생산되지요.

유럽 대륙의 나라들은 정치·경제적으로 힘을 모으기 위해 '유럽 연합(EU)'이라는 국제기구를 만들었어요. 그래서 유럽 연합에 속한 나라들은 똑같은 화폐인 '유로(EURO)'를 사용해요.

 ## 세계에서 가장 키가 큰 나라

오늘날 세계에서 키가 제일 큰 사람들은 네덜란드 국민이에요. 네덜란드 남성의 평균 키는 184센티미터, 여성은 170센티미터나 되거든요. 그런데 1860년에 네덜란드 군인들의 키를 조사한 자료를 보면 평균 키가 165센티미터라고 기록되어 있어요. 160년 동안 평균 키가 무려 20센티미터나 커진 거예요. 학자들은 그 이유를 네덜란드의 경제 성장에서 찾았어요. 경제적으로 풍요로워지면서 육류와 유제품을 많이 먹게 되었고, 스포츠 등 여가 활동을 즐길 수 있는 생활 환경이 영향을 미쳤던 것이지요.

아프리카

아픈 역사를 가진, 세계에서 두 번째로 큰 대륙

아프리카: 거대하고 아름다운 자연으로 유명한, 세계에서 두 번째로 큰 대륙

아프리카 대륙은 지중해를 사이에 두고 유럽 대륙의 남쪽에 있어요. 아시아 대륙에 이어 지구상에서 두 번째로 큰 대륙이지요.

아프리카에는 피라미드로 유명한 이집트를 비롯해 야생 동물의 천국인 케냐, 아프리카 최고봉 '킬리만자로산'이 있는 탄자니아, 아프리카에서도 경제가 상당히 발전한 남아프리카 공화국 등 우리에게 익숙한 나라들이 많아요.

아프리카 대륙의 자랑은 뭐니 뭐니 해도 거대하고 아름다운 자연이에요. 세계에서 가장 큰 사하라 사막, 길고 아름다운 나일강, 아프리카 제일의 호수 빅토리아호, 세계에서 가장 큰 세렝게티 국립 공원 등이 유명해요.

그런데 아프리카 대륙의 지도를 보면 특이한 점을 발견할 수 있어요. 나라와 나라를 구분하는 국경선이 마치 자로 그은 것처럼 반듯한 모양이거든요.

국경선은 보통 산이나 강을 경계로 하기 때문에 구불구불하기 마련이죠.

그 이유는 과거 유럽 국가들이 아프리카를 식민 지배할 때, 강제로 국경선을 정했기 때문이에요.

자, 이렇게 하면 공평하지?

영국

프랑스

좋아, 좋아.

지리에 과거의 아픈 역사가 그대로 담겨 있다니, 놀랍지요?

 **옥쌤 사회상식** ## 싸움이 끊이지 않는 대륙

아프리카의 여러 나라에서는 크고 작은 전쟁이 끊이지 않고 있어요. 그래서 조국을 버리고 다른 나라로 도망쳐 정처 없이 떠도는 난민도 많이 생겨나고요. 도대체 아프리카의 나라들은 무엇이 문제인 것일까요? 근본적인 원인은 바로 '반듯한 국경선' 때문이에요. 아프리카는 옛날부터 부족과 민족에 따라 지역이 구분되어 있었다고 해요. 그런데 유럽인이 침략해 멋대로 국경선을 그으면서 아프리카 사람들은 같은 부족이 다른 나라가 되어 버리기도 하고, 사이가 안 좋던 다른 부족민과 같은 나라가 되어 버리기도 하는 상황이 된 것이지요. 이렇듯 한 나라 안에 다른 문화와 다른 언어를 가진 여러 민족이 섞이면서 갈등이 계속 생겨나고 있는 거예요.

아메리카

다양한 환경과 문화, 인종이 모여 있는 곳

아메리카: 북극해부터 남극해까지 세로로 길게 뻗은 대륙. 북아메리카와 남아메리카

아메리카 대륙은 북극해부터 남극해까지 세로로 길게 뻗은 대륙이에요. 동쪽으로는 유럽, 서쪽으로는 아시아 대륙과 마주 보고 있지요.

아메리카 대륙은 북쪽의 북아메리카(북미)와 남쪽의 남아메리카(남미)로 구분 짓기도 해요.

북아메리카는 전 세계에서 세 번째….

남아메리카는 네 번째로 큰 대륙이에요.

북아메리카에는 세계적인 강대국 미국과 세계에서 두 번째로 큰 나라인 캐나다가 있어요.

남아메리카에는 세계에서 가장 긴 나라인 칠레, 우유니 소금 사막을 볼 수 있는 볼리비아, 산 위의 도시 마추픽추가 있는 페루 등 여러 나라가 있지요.

특히 남아메리카에는 세계에서 가장 넓은 열대 우림인 아마존이 있어요. 브라질, 페루, 콜롬비아, 베네수엘라, 에콰도르, 볼리비아, 가이아나, 수리남, 프랑스령 기아나주 등 무려 9개 국가에 걸쳐 분포되어 있지요.

아마존은 지구 산소의 20퍼센트를 만들어 내죠.

지구의 허파라고 불러 주세요!

아메리카의 유명한 폭포들

세계에서 손꼽히는 3대 폭포 중에 무려 두 곳이 아메리카 대륙에 있어요. 바로 북아메리카에 있는 '나이아가라 폭포'와 남아메리카의 '이구아수 폭포'예요. 캐나다와 미국 국경에 걸쳐 있는 나이아가라 폭포는 시간당 가장 많은 물이 흐르는 폭포라고 해요. 이구아수 폭포는 브라질과 아르헨티나에 걸쳐 있는데 폭포의 가로 길이가 2,700미터로 나이아가라 폭포보다도 더 크다고 해요. 3대 폭포 중 나머지 하나인 '빅토리아 폭포'는 아프리카의 잠비아와 짐바브웨에 걸쳐 있어요.

오세아니아

특이한 동식물이 서식하는 가장 작은 대륙

오세아니아: 오스트레일리아와 뉴질랜드를 포함한 여러 섬으로 이루어진, 세계에서 가장 작은 대륙

오세아니아는 오스트레일리아를 중심으로 뉴질랜드를 포함한 여러 섬으로 이루어진 대륙이에요. 대륙 중에서 크기가 가장 작지요.

오세아니아는 다른 대륙과 멀리 떨어져 있어서 독특한 생태계가 발달했어요. 오직 이곳에서만 볼 수 있는 캥거루와 코알라, 에뮤, 오리너구리가 대표적이지요.

이런 점은 사람들의 생활도 마찬가지예요. 오세아니아의 원주민인 마오리족의 전통문화는 무척 특이해서 관광 상품으로도 인기가 많아요.

오스트레일리아의 면적은 약 770만 제곱킬로미터로 우리나라보다 약 77배, 그린란드보다 3배 이상이나 커요. 하지만 중심부와 서쪽은 대부분 사막이라 사람이 살기 어려워요.

오세아니아 대륙 전체에 살고 있는 인구가 우리나라에 살고 있는 인구보다 더 적다고 해요.

진짜?

두 개의 섬으로 이루어진 뉴질랜드는 면적과 비교해 무척 적은 인구가 살고 있어요. 그 덕분에 깨끗한 자연환경이 잘 보존되어 있지요. 지하자원도 무척 풍부하답니다.

 오세아니아에서만 볼 수 있는 동물들

북반구의 다른 대륙과 단절되어 있었던 탓에 오세아니아는 다른 대륙에서는 볼 수 없는 독특한 생물이 많아요. 어미의 배 주머니에 새끼를 넣어 키우는 캥거루와 코알라가 대표적이지요. 그 밖에 포유류지만 알을 낳는 오리너구리, 타조와 닮은 날지 못하는 새 에뮤, 정육면체 똥을 누는 웜뱃도 재미난 동물이에요. 아름답고 신기한 오세아니아의 자연이 계속 지켜지면 좋겠지요?

남극

얼음으로 뒤덮인 지구 최남단의 대륙

남극: 지구에서 가장 남쪽에 있는, 얼음으로 뒤덮인 대륙

남극은 지구에서 가장 남쪽에 있는 대륙이에요. 남극 대륙의 면적은 오세아니아나 유럽 대륙보다 더 크다고 해요.

남극은 1년 내내 얼음과 눈으로 뒤덮여 있을 정도로 지구에서 가장 추운 지역이에요.

얼음 두께만 2000미터가 넘어요.

오늘날 지구상에 주인이 없는 땅은 사실상 존재하지 않아요. 하지만 남극은 그 어느 나라의 영토도 아니랍니다. 남극은 누구도 주인이 될 수 없는 땅으로 정해 두었기 때문이에요.

오로지 과학 연구를 위해서만 남극에 갈 수 있어요.

남극 세종 기지

우리나라도 남극에 세종 과학 기지와 장보고 과학 기지를 짓고 기후 변화와 해양 생태계를 연구하고 있답니다.

그렇다면 북극은 어떨까요? 아쉽게도 북극은 남극과 비교하기 어려워요. 북극은 땅이 있는 것이 아니라, 북극해가 얼어붙은 거대한 얼음덩어리기 때문이에요.

즉, 북극은 대륙이나 섬이 아닌 바다인 거예요.

 남극의 얼음이 녹고 있다?

바닷물이 얼어서 생긴 얼음을 해빙이라고 해요. 남극에서는 이런 해빙을 쉽게 찾아볼 수 있지요. 그런데 남극의 해빙이 차지하는 넓이가 점점 줄어들고 있다고 해요. 다시 말해 남극 주위의 해빙이 많이 녹아서 사라진 것이지요. 해빙이 사라지는 이유는 뭘까요? 지구 온난화로 남극의 기온이 올라간 게 가장 큰 원인으로 지목되고 있어요. 기후 변화로 인해 지금처럼 해빙, 그리고 빙하가 자꾸 사라지면 그만큼 바닷물의 양이 늘어나서 지구의 해수면은 점점 상승할 거예요. 그럼 저지대는 물에 잠기게 될 테고, 사람과 생물들은 살아갈 터전을 잃게 되겠지요. 이를 막으려면 온실가스를 줄이기 위한 전 세계의 노력이 꼭 필요하답니다.

오대양

모든 대륙을 둘러싼 다섯 개의 바다

오대양: 지구를 둘러싸고 있는 5개의 큰 바다. 태평양·대서양·인도양·북극해·남극해

지구에는 몇 개의 바다가 있을까요? 모든 바다는 서로 연결되어 있으니 엄밀히 말하면 바다는 하나뿐이에요. 하지만 사람들은 바다의 경계도 나누어서 부르기로 했답니다.

아주 넓은 바다를 '대양'이라고 하는데, 지구에는 태평양, 대서양, 인도양, 북극해, 남극해, 이렇게 5개의 대양이 있어요.

태평양은 유라시아와 아메리카, 오세아니아 대륙에 둘러싸인 지구에서 가장 큰 바다예요.

지구에 있는 모든 땅의 넓이를 합해도 태평양보다 작다고 해요.

대서양은 지구에서 두 번째로 큰 바다로, 아메리카와 아프리카, 유럽에 둘러싸인 바다지요.

나 콜럼버스가 아메리카 대륙을 발견할 때 건너간 바다가 바로 대서양이죠.

인도양은 지구에서 세 번째로 큰 바다로, 아프리카와 아시아, 오세아니아, 남극 대륙에 둘러싸인 바다예요.

인도양에는 몰디브, 마다가스카르를 비롯해 아름다운 자연을 가진 섬나라가 많아요.

북극해는 북극을 중심으로 북아메리카와 아시아, 유럽으로 둘러싸여 있어요. 남극해는 남극 대륙 주변을 둘러싼 바다예요.

육지로 둘러싸인 바다도 있다?

세계 지도를 살펴보면 육지로 둘러싸인 바다를 찾을 수 있어요. 이렇게 육지로 둘러싸인 바다를 '내해'라고 해요. 대표적인 내해로 튀르키예, 러시아, 우크라이나 등의 나라에 둘러싸인 '흑해'를 들 수 있어요. 또 러시아, 카자흐스탄, 이란 등의 나라에 둘러싸인 '카스피해'도 있어요. 유럽 대륙과 스칸디나비아반도 사이에 있는 '발트해'도 내해랍니다. 흑해의 면적은 약 413,000제곱킬로미터, 카스피해의 면적은 약 371,000제곱킬로미터, 발트해의 면적은 약 430,000제곱킬로미터로 세 내해 모두 한반도의 면적보다 훨씬 넓어요. 내해는 육지에 둘러싸여 있긴 하지만, 해협을 통해 바다로 연결되어 있답니다.

교과 연계	
3학년 2학기 사회	01. 환경에 따라 다른 삶의 모습
4학년 2학기 사회	03. 사회 변화와 문화 다양성
6학년 2학기 사회	01. 세계의 여러 나라들
6학년 도덕	06. 함께 살아가는 지구촌

5장 세계 여러 나라

북반구·남반구 | 러시아·바티칸 시국 | 인도·중국 | 인구 밀도 | 섬나라·내륙 국가 | 세상에서 가장 긴 나라 | 이웃 나라 | 알래스카주 | 몰디브

요즘은 교통이 편리해져서 다른 나라로의 여행이 매우 활발한 편이에요. 인터넷이 발달하면서 심리적인 거리도 매우 가까워졌지요. 이번 장에서는 세계 여러 나라로 여행을 떠나 볼 거예요. 세계에서 가장 큰 나라 러시아와 세계에서 가장 작은 나라 바티칸 시국이 여행의 시작이죠. 어때요, 기대되지 않나요?

북반구·남반구

지구를 반으로 나누면?

북반구 : 적도를 경계로 지구를 둘로 나누었을 때의 북쪽 부분
남반구 : 적도를 경계로 지구를 둘로 나누었을 때의 남쪽 부분

공처럼 둥글게 생긴 모양을 '구'라고 해요. 그래서 우리가 살고 있는 행성을 '지구'라고 하지요.

지구는 땅이 있는 공 모양의 행성이라는 뜻이지요. 영어 단어 'Earth'도 땅, 흙이라는 뜻이랍니다.

구를 절반으로 나눈 것을 '반구'라고 해요. 우리가 살고 있는 지구를 적도를 따라 수박을 자르듯 반으로 가르면 두 개의 반구가 만들어져요.

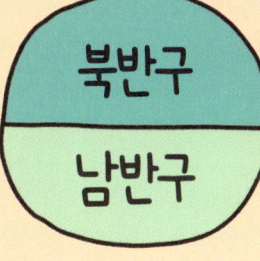

북쪽에 있는 반구를 북반구, 남쪽에 있는 반구를 남반구라고 해요.

북반구에 사는 우리는 해가 한낮에 남쪽 하늘 높이 떠 있다고 말하지만, 남반구에서는 북쪽 하늘 높이 해가 떠요.

북반구와 남반구는 계절도 서로 반대예요. 북반구에 있는 우리나라가 겨울일 때, 남반구에 있는 호주는 여름이지요. 그래서 호주에서는 12월 25일 크리스마스일 때가 한여름이랍니다.

지구인은 대부분 북반구에 살아요

전 세계 인구는 약 80억 명 정도라고 해요. 그리고 놀랍게도 이 중 90퍼센트의 인구가 북반구에 살고 있지요. 그 이유는 간단해요. 남반구에 비해 북반구의 육지 면적이 훨씬 넓기 때문이에요. 북반구에는 남쪽 지역 일부분을 제외한 아시아 대륙, 유럽과 북아메리카 대륙 전체, 남아메리카 대륙의 북부 지역, 아프리카 대륙의 2/3가 있고, 남반구에는 오세아니아, 아프리카 남부 지역, 남극이 있어요.

러시아·바티칸 시국

가장 큰 나라와 가장 작은 나라

러시아: 유라시아 대륙에 있는 세계에서 가장 큰 나라
바티칸 시국: 교황이 다스리는 도시 국가로, 세계에서 가장 작은 나라

지구상에는 약 200개가 넘는 나라가 존재해요. 그중에서 가장 큰 영토를 가진 나라와 가장 작은 영토를 가진 나라는 어디일까요?

세계에서 가장 넓은 영토를 가진 나라는 유라시아 대륙에 위치한 러시아예요.

러시아의 면적은 약 1,710만 제곱킬로미터랍니다.

대한민국의 영토 면적이 약 10만 제곱킬로미터이니, 러시아는 우리나라보다 대략 171배 정도 넓은 영토를 가진 셈이지요.

러시아에 이어 세계에서 두 번째로 영토가 넓은 나라는 캐나다예요. 3위는 미국, 4위는 중국, 5위는 브라질이지요.

그러면 반대로 세계에서 영토가 가장 작은 나라는 어디일까요? 바로, 유럽 대륙에 있는 바티칸 시국이에요.

바티칸 시국은 이탈리아의 수도인 로마 안에 있는 작은 도시 국가예요.

바티칸 시국의 영토는 0.44제곱킬로미터 정도예요. 서울에 있는 경복궁의 전체 면적이 0.43제곱킬로미터이니, 경복궁보다 조금 더 큰 정도예요.

바티칸 시국은 가톨릭의 지도자인 교황이 다스려요.

국가로서 역할보다 상징적인 의미가 더 크지요.

옥쌤 사회상식 우리나라는 몇 번째로 큰 나라일까?

우리나라의 국토 면적은 약 10만 제곱킬로미터로, 면적 순위로는 세계에서 109번째라고 해요. 우리나라와 비슷한 크기의 나라들은 유럽의 아이슬란드, 불가리아, 헝가리 등이 있지요. 북한의 면적은 약 12만 제곱킬로미터로 면적 순위는 세계에서 100번째라고 해요. 만약 남한과 북한이 통일된다면 한반도 전체의 면적은 약 22만 제곱킬로미터로 세계에서 84번째로 큰 나라가 돼요. 한반도 전체와 비슷한 크기의 나라로는 유럽의 루마니아, 영국, 오세아니아의 뉴질랜드 등이 있어요.

인도·중국

인구가 가장 많은 나라는?

인도 : 남아시아에 있는 세계에서 인구가 가장 많은 나라
중국 : 동아시아에 있는 세계에서 두 번째로 인구가 많은 나라

일정한 곳에 사는 사람의 수를 '인구'라고 해요. 우리나라의 인구는 약 5,100만 명 정도이고, 전 세계에는 약 80억 명의 인구가 살고 있어요.

세계에서 인구가 가장 많은 나라는 인도예요. 인도의 인구는 약 14억 4,100만 명이나 되지요. 만약 전 세계에 사는 사람이 100명이라고 한다면, 이 중에서 17명이 인도 사람인 셈이에요.

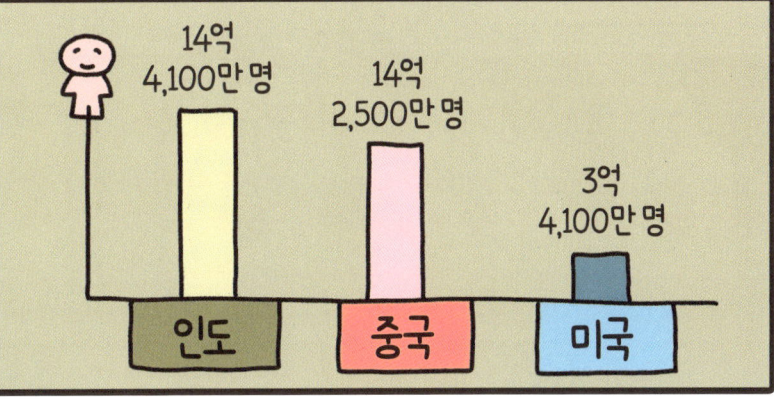

세계에서 두 번째로 인구가 많은 나라는 중국이에요. 중국의 인구는 약 14억 2,500만 명으로 인도와 비슷하지요.

한때는 우리가 세계 1위였는데….

세계에서 세 번째로 인구가 많은 나라는 미국이에요. 미국의 인구는 약 3억 4,100만 명이지요. 그 외에 전 세계 인구수 순위 10위 안에 드는 나라로는 인도네시아, 파키스탄, 나이지리아, 브라질, 방글라데시, 러시아, 에티오피아가 있어요.

우리나라의 인구수는 약 5,100만 명 정도로, 세계에서 29번째로 많은 사람이 살고 있는 나라지요. 북한의 인구는 약 2,600만 명으로 세계에서 56번째로 많다고 해요.

 **옥쌤 사회상식** ## 인구가 점점 줄고 있는 대한민국

국제 연합(UN)에 따르면, 세계 인구는 갈수록 늘어나 2050년 무렵에는 100억 명이 넘을 거라고 해요. 하지만 우리나라는 인구가 갈수록 줄어들어서 걱정이랍니다. 영국 옥스퍼드 대학교의 데이비드 콜먼 교수는 저출생 때문에 사라질 최초의 나라로 우리나라를 지목했어요. 지금처럼 출생 인구가 점점 줄어든다면, 현재 약 5,100만 명인 우리나라의 인구는 2070년이 되면 약 3,800만 명으로 줄어들 수도 있다고 해요.

인구 밀도

일정한 곳에 사람이 얼마나 모여 살고 있는가?

인구 밀도 : 1제곱킬로미터 안에 사는 사람의 수

'밀도'는 뭔가가 빽빽하게 들어선 정도를 말해요. 밀도가 높다, 혹은 낮다로 표현하지요.

인구 밀도는 일정한 곳에 사람이 얼마나 빽빽하게 모여 있는가를 나타내는 말이에요. 보통 1제곱킬로미터 안에 사는 사람의 수를 의미해요.

인구 밀도가 높은 나라로 프랑스 동남부 지중해 연안에 있는 도시 국가 '모나코'를 들 수 있어요. 1제곱킬로미터당 약 18,700명이 살고 있지요.

모나코는 전체 국토 면적이 약 2제곱킬로미터로, 세계에서 두 번째로 작은 나라예요.

우리나라의 인구 밀도는 1제곱킬로미터당 약 510명으로, OECD 국가 중 1위예요.

우리나라 안에서도 인구 밀도가 가장 높은 지역은 서울이고, 두 번째로 높은 지역은 부산이에요. 그 뒤로 광주, 인천, 대전, 대구 순서라고 해요.

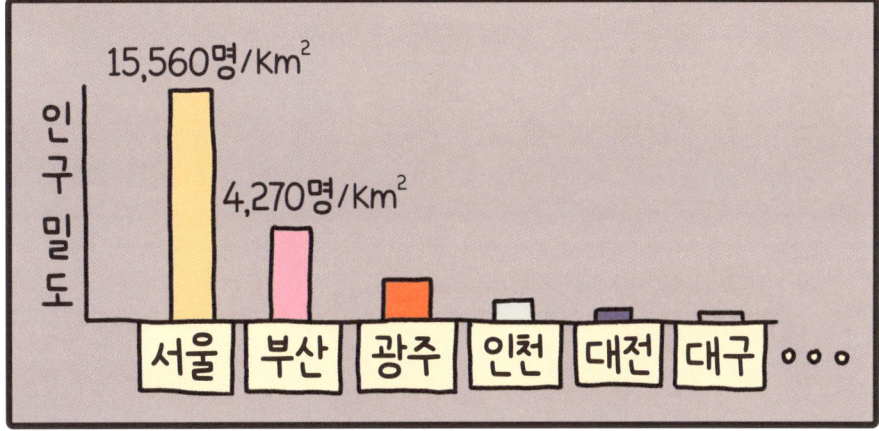

 ## 인구 밀도가 가장 낮은 곳은?

세계에서 인구 밀도가 가장 낮은 지역은 어디일까요? 바로 북극해에 있는 그린란드랍니다. 그린란드의 인구 밀도는 1제곱킬로미터당 0.14명이에요. 이곳의 면적은 우리나라보다 21배나 크지만, 인구는 5만 6,000명 정도에 불과해요. 그 이유는 사람이 살기 힘들 정도로 춥고 척박한 환경 때문이지요. 한여름에도 얼음이 어는 추운 곳에서 살고 싶은 사람은 많지 않을 테니까요.

섬나라·내륙 국가

바다가 있는 나라와 없는 나라

섬나라: 국토의 모든 면이 바다로 둘러싸인 나라
내륙 국가: 국토의 모든 면이 육지에 둘러싸여 있는 나라

대표적인 내륙 국가로 아시아의 몽골, 네팔, 라오스, 부탄, 우즈베키스탄, 카자흐스탄, 유럽의 스위스, 오스트리아, 체코, 헝가리, 아프리카의 에티오피아, 보츠와나, 니제르, 말리, 남아메리카의 볼리비아, 파라과이 등이 있어요.

아시아의 일본, 인도네시아, 필리핀, 유럽의 영국, 아일랜드, 아이슬란드, 오세아니아의 뉴질랜드, 아메리카의 쿠바와 자메이카, 아프리카의 마다가스카르 등이 대표적인 섬나라예요.

 섬이지만 섬나라가 아닌 나라

세계에서 6번째로 넓은 영토를 가진 오스트레일리아는 국토의 모든 면이 바다로 둘러싸여 있어요. 하지만 호주를 섬이라고 부르지는 않는답니다. 섬과 대륙을 구분하는 기준인 그린란드보다 약 3배 이상 크기 때문에 호주는 호주만으로 대륙의 조건을 만족해요. 사람이 살지 않는 남극을 제외하면 완벽하게 남반구에만 속한 유일한 대륙이지요. 동시에 지구에서 가장 작은 대륙이기도 해요.

세계에서 가장 긴 나라

땅 모양이 특이한 나라들

세계에서 가장 긴 나라 : 남아메리카 서남부에 있는 칠레

모든 나라의 크기와 모양은 제각각이에요. 그래서 지구본이나 세계 지도를 펼쳐 놓고 여러 나라의 생김새를 살펴보는 것도 무척 재미있는 일이랍니다.

우리가 사는 한반도를 보면 무엇이 생각나나요? 우리 조상들은 한반도를 힘차게 포효하는 호랑이의 모습이라고 생각했어요.

사람들은 세계 각국의 땅 모양을 사물이나 동물에 비유하곤 해요. 유럽의 이탈리아는 부츠 모양으로 유명하고, 미국은 거대한 고래, 중국은 수탉 모양을 닮았어요. 태국은 코를 길게 늘어뜨린 코끼리, 남아프리카 공화국은 코뿔소의 머리 모양처럼 생겼답니다.

특이한 모양의 국토를 가진 나라로 남아메리카의 칠레를 빼놓을 수 없어요. 칠레는 동쪽과 서쪽 끝의 길이가 200킬로미터가 채 되지 않지만, 남쪽과 북쪽의 길이는 4,200킬로미터가 넘지요.

칠레는 우리나라보다 동서 폭이 좁은데, 남북으로는 10배쯤 길어요.

남북으로 길다 보니 칠레의 자연환경은 무척 독특해요. 북쪽 지역에서는 사막을, 남쪽 끝에서는 펭귄을 볼 수 있거든요. 게다가 수도인 산티아고를 제외한 모든 행정 구역이 해안 도시랍니다.

너무 북쪽으로 와 버렸나?

닮은꼴 국토를 가진 나라들

특정한 사물이나 동물을 닮진 않았지만, 서로 땅 모양이 닮은꼴인 지역도 있어요. 대표적으로 우리나라와 유럽의 섬나라 아일랜드가 그렇지요. 또한 국가는 아니지만, 북아메리카에 있는 미국의 웨스트버지니아주는 서아시아의 내륙 국가인 아프가니스탄과 놀랄 만큼 비슷하게 생겼답니다.

이웃 나라

우리나라와 가까운 나라는?

이웃 나라: 지리적으로 가까이 있는 나라

가까이 있어서 경계가 서로 붙어 있는 것을 '이웃'이라고 해요. 이웃집, 이웃 동네, 이웃 도시… 나아가 이웃 나라도 있지요.

우리의 이웃은 일본, 중국, 또 러시아도 있죠.

이웃 나라는 오랜 시간 가까운 곳에 있었기 때문에 정치·경제·문화적으로 서로 많은 영향을 주고받게 돼요.

쌀밥을 먹고 젓가락을 써요.

한자를 사용해요.

머리색과 눈동자가 어두운 편이지요.

중국과 러시아는 한반도와 국경이 맞닿아 있어요. 그리고 일본의 섬인 대마도는 부산에서 불과 50킬로미터 정도밖에 떨어져 있지 않지요. 날씨가 좋은 날엔 부산에서 맨눈으로 직접 볼 수 있을 정도로 가까운 거리예요.

그런데 이웃이지만 러시아는 유독 한국, 일본, 중국과 생활 모습이 많이 달라요.

생활 모습뿐만 아니라 생김새도 다른 편이죠.

그 이유는 러시아 인구 대부분이 유럽과 가까운 러시아의 서쪽에 살고 있기 때문이에요. 즉, 러시아는 유럽과도 오랫동안 이웃이었던 거예요.

이웃이 동아시아에만 있으란 법은 없죠.

 ## 우리나라의 최대 교역국

무역은 나라와 나라가 서로 물건을 사고팔거나 바꾸는 것을 말해요. 이웃 나라 중국은 우리나라가 수출을 가장 많이 하는 나라인 동시에 수입을 가장 많이 해 오는 나라이기도 해요. 그런데 사실 중국과 우리나라가 무역한 역사는 무척 오래됐어요. 통일 신라 시대 때 청해진을 중심으로 무역이 아주 활발하게 이루어졌고, 고려 시대에는 무역을 통해 수출된 고려 인삼과 고려청자 등이 중국에서 큰 인기를 얻었지요.

알래스카주

러시아 땅일까? 미국 땅일까?

알래스카주 : 북아메리카 대륙의 북서쪽 끝에 있는 미국의 주

알래스카주는 미국의 한 주로, 북아메리카 대륙의 북서쪽 끝에 있는 지역이에요. 미국의 여러 주 중 면적이 가장 넓지만, 인구 밀도는 가장 낮은 지역이지요.

알래스카주는 날씨가 매우 춥고 습해서 사람이 살기에 좋은 환경이 아니기 때문이랍니다.

그런데 지도에서 알래스카주를 찾아보면 이상한 점을 발견할 수 있어요. 알래스카주는 분명 미국의 영토인데도 미국에서 멀리 떨어져 있거든요.

"오히려 캐나다나 러시아와 더 가까운데?"

알래스카주는 원래 러시아 땅이었어요. 그런데 1867년에 미국이 러시아로부터 알래스카 지역을 사들여서 미국의 영토가 된 것이지요.

"끄응... 나라 살림이 어렵구나."

"그럼 알래스카 땅을 우리에게 파는 건 어때? 720만 달러를 주지."

러시아   미국

미국이 러시아의 알래스카 땅을 사겠다고 발표했을 때, 미국 국민 중에는 이를 반대하는 사람도 많았다고 해요.

"사람이 살 수도 없는 땅을 뭐 하러 사는 거야?"

"우리 세금을 허튼 곳에 쓰지 마라!"

NO!

그런데 그 후 알래스카에서 금과 은, 석유, 천연가스 등 막대한 지하자원이 발견되면서 미국은 알래스카를 살 때 치른 720만 달러보다 훨씬 더 큰 경제적 이득을 얻었어요.

"쩝... 알래스카에 지하자원이 잔뜩 묻혀 있을 줄이야. 아쉽다."

"후후, 난 진작 알아봤지."

러시아   미국

극지방의 특이한 자연 현상

알래스카주가 있는 북극에서는 신기한 자연 현상이 많이 나타나요. 대표적인 현상으로 '백야'가 있어요. 백야는 여름에 나타나는데, 해가 지지 않고 24시간 낮이 지속되는 현상이에요. 반대로 겨울에는 오랫동안 해가 뜨지 않고 밤이 이어지는 현상인 '극야'가 나타나지요. 또 다른 현상으로 밤하늘을 아름답게 수놓는 '오로라'가 있어요. 오로라는 태양에서 나오는 전기를 띤 입자들이 극지방의 대기와 충돌하며 다양한 색깔의 빛을 내는 자연 현상이랍니다.

몰디브

점점 바다에 잠기고 있는 섬나라

몰디브: 남아시아의 인도와 스리랑카 남서쪽, 인도양에 있는 섬나라

몰디브는 아시아 남부 인도양에 있는 섬나라예요. 약 1,200개의 작은 섬들로 이루어져 있어요. 하지만 몰디브의 모든 섬을 다 합쳐도 면적이 약 300제곱킬로미터 정도밖에 안 되지요.

딱 서울의 절반 정도 크기군.

하지만 섬과 바다가 어우러진 아름다운 풍경 덕분에 전 세계의 많은 관광객이 몰디브를 찾아와요.

다양한 동물들을 볼 수 있는 바닷속 풍경은 더 놀랍죠!

그런데 이렇게 아름다운 몰디브가 수십 년 뒤에는 사라질지도 모른다고 해요.

50년 내에 몰디브의 모든 국토가 바다에 잠기게 될 거예요.

멀쩡한 섬이 바다에 왜 잠긴다는 거죠?

그 이유는 몰디브의 해발 고도가 평균 84센티미터로 매우 낮기 때문이에요. 가장 높은 곳도 2미터에 불과하지요. 반면, 기후 변화로 해수면은 계속 높아지고 있어요.

해수면이 지금보다 1미터 상승하면 몰디브는 국토의 80퍼센트 이상이 물에 잠기게 돼요. 사실상 거의 모든 지역이 사라지게 되는 것이지요.

기후 변화 속도를 늦추고 몰디브를 지키기 위해 전 세계가 머리를 맞대고 고민하고 있어요.

 **옥쌤 사회상식** ## 인공 섬을 만드는 몰디브

몰디브는 나라가 물에 잠기는 때를 대비하기 위해 1997년부터 인공 섬을 만들기 시작했어요. 산호 지대 위에 모래를 쌓아 해발 고도 2미터 정도의 섬을 만든 것이지요. '훌루말레'라는 이름의 이 인공 섬은 몰디브에서 4번째로 큰 섬으로, 지금도 건설 중이에요. 2030년이 되기 전까지 몰디브 인구의 절반 이상이 이 섬으로 이주할 예정이랍니다. 이 밖에 바다 위에 둥둥 떠다니는 수상 도시도 계획 중이라고 해요.

교과 연계

3학년 2학기 사회 01. 환경에 따라 다른 삶의 모습

4학년 2학기 사회 01. 촌락과 도시의 생활 모습

4학년 2학기 사회 03. 사회 변화와 문화 다양성

6학년 2학기 사회 01. 세계의 여러 나라들

6학년 도덕 06. 함께 살아가는 지구촌

6장 기후와 생활

자연환경·인문 환경 | 기후 | 열대 기후 | 건조 기후 | 온대 기후 | 냉대 기후 | 한대 기후 | 고산 기후 | 사막 | 건기·우기 | 유목 | 화전 농업

우리나라는 봄, 여름, 가을, 겨울 사계절이 뚜렷한 온대 기후예요. 그런데 세상에는 우리나라와 다른 기후도 많이 있어요. 덥고 비가 많이 오는 열대 기후, 강수량이 적은 건조 기후처럼요. 기후에 따라 사람들이 살아가는 모습도 매우 다르지요. 여기에서는 대표적인 6가지의 기후와 생활 방식에 대해서 알아볼 거예요.

자연환경·인문 환경

우리 주변을 둘러싸고 있는 모든 것

자연환경: 자연 그대로의 환경
인문 환경: 자연을 활용하여 인간이 만들어 낸 환경

우리 주변을 둘러싸고 있는 모든 것, 즉 사람이 살아가는 데 영향을 주는 조건이나 상황을 '환경'이라고 해요. 환경은 크게 자연환경과 인문 환경으로 나누어요.

자연환경은 지형과 기후를 말해요. 바다를 비롯해 높은 산과 편평한 들, 그 위를 흐르는 강 등을 모두 지형이라고 해요. 그리고 비, 눈, 안개, 바람처럼 지형 위에 나타나는 다양한 날씨를 기후라고 하지요.

즉, 자연환경은 사람이 만들지 않은 그대로의 환경을 말해요.

인문 환경은 도시, 촌락, 산업, 교통, 옷, 음식, 종교처럼 인간이 만들어 낸 것들을 의미해요. 우리가 매일 가는 학교나 주변에 있는 마을 도서관, 병원, 도로들이 모두 인문 환경인 셈이지요.

시골의 논과 밭은 자연환경처럼 보이지만 인문 환경이에요.

농사를 위해 자연을 활용하여 인간이 만들어 낸 거니까요.

사람들은 각자 살아가는 지역의 자연환경에 적응하며 다양한 인문 환경을 만들어 내요. 그래서 나라별로 입는 옷과 먹는 음식, 사는 집 등 의식주 문화가 모두 다르지요.

옛날에는 자연환경이 사람들의 생활에 큰 영향을 미쳤어요. 그러나 오늘날은 자연환경보다 인문 환경이 더 큰 영향을 주지요.

물 긷기가 편리한 강가에 항상 마을이 있었지요.

교통이 편리하고, 일자리가 많은 곳이 최고죠!

옛날 / 현재

131

기후

한 지역에서 나타나는 날씨 변화의 평균

기후: 일정한 지역에서 여러 해에 걸쳐 나타난 기온, 비, 눈, 바람 등의 평균 상태

날씨는 그날그날의 대기 상태를 일컬어요. 대기란 지구를 둘러싼 공기를 말하지요. 비나 눈이 내리고 바람이 불며, 공기가 덥고 추운 것이 모두 날씨예요.

"기온과 강수량, 바람에 의해서 날씨가 결정되죠."

기온 / 강수량 / 바람

기후는 한 지역에서 나타나는 날씨 변화를 여러 해 동안 기록해서 평균한 것이에요. 쉽게 말해 매일매일의 날씨가 모인 것을 말하지요.

"그래서 '오늘의 날씨'라는 말은 맞지만, '오늘의 기후'는 틀린 표현이에요."

전 세계의 기후는 특징에 따라 몇 개의 기후대로 구분할 수 있어요. 기후대의 구분은 독일의 기후학자 쾨펜이 1923년에 고안한 기후 구분 방법이 가장 유명해요.

"특정 지역에 자란 식물에 따라서 기후를 구분했어요. 식물은 기온과 강수량을 가장 잘 반영하거든요."

쾨펜이 구분한 기후대는 크게 열대 기후, 건조 기후, 온대 기후, 냉대 기후, 한대 기후예요. 각각의 기후대에는 서로 다른 동물과 식물이 살아가고, 사람들의 생활 모습도 다르지요.

쾨펜의 기후 구분

열대 기후	가장 추운 달의 평균 기온이 18도 이상
온대 기후	가장 추운 달의 평균 기온이 18도~영하 3도
냉대 기후	가장 추운 달의 평균 기온이 영하 3도 미만, 가장 따뜻한 달의 평균 기온이 10도 이상
한대 기후	가장 따뜻한 달의 평균 기온이 10도 미만
건조 기후	연 강수량이 500밀리미터 이하, 강수량보다 증발량이 많음

한 나라 안에서 여러 가지 기후가 나타난다?

나라마다 국토의 크기와 모양이 모두 다르고 위치한 곳도 제각각이에요. 그래서 어떤 나라는 같은 나라 안에서도 여러 가지 기후가 나타나기도 해요. 주로 러시아, 미국, 중국처럼 국토 면적이 넓은 나라들이 그렇지요. 국토가 넓지는 않지만, 남북으로 길쭉한 모양인 칠레도 한 나라 안에 다양한 기후가 나타나요. 북부 사막 지역은 아열대성 기후, 중부 지역에서는 지중해성 사막 기후, 남부 지역은 한랭 기후가 나타나지요.

열대 기후

매우 덥고 비가 많이 와요

열대 기후: 1년 내내 매우 덥고 비가 많이 오는 지역의 기후

열대 기후는 1년 내내 매우 덥고 비가 많이 오는 지역의 기후를 말해요. 1년 내내 평균 기온이 20도 이상이고, 가장 추운 달에도 평균 기온이 18도 밑으로 떨어지지 않지요.

지구에서 가장 덥고 습한 지역이랍니다.

주로 저위도 지역이 열대 기후대에 속해요. 저위도란, 위도가 낮아 적도와 가까운 지역을 뜻하지요.

열대 기후는 1년 내내 비가 많이 내리는 '열대 우림 기후'와 건기(비가 적게 내리는 시기), 우기(비가 많이 내리는 시기)가 있는 '사바나 기후'로 다시 구분돼요.

열대 우림 기후 지역에는 빼곡한 밀림이 있어요.

사바나 기후 지역에는 넓은 초원이 펼쳐져 있지요.

덥고 습기가 많은 열대 기후 지역에 사는 사람들은 가볍고 바람이 잘 통하는 옷을 많이 입어요. 집의 창문도 바람이 잘 통하도록 크게 만들지요.

땅에서 올라오는 습기를 막고, 벌레를 피하려고 집을 바닥에서 띄워서 짓는 고상 가옥이 발달했지요.

열대 기후 지역은 덥고 비가 많이 내리기 때문에 특히 식물이 잘 자라요. 그래서 열대 기후 국가들은 바나나, 망고, 코코넛, 파인애플 등의 열대 과일과 좋은 목재를 전 세계로 수출하지요.

필리핀, 태국, 인도네시아 등이 대표적인 열대 기후 국가예요.

한여름의 열대야

우리나라의 여름은 몹시 무더워요. 때로는 한밤중에도 계속 무더위가 이어져요. 이것을 '열대야'라고 불러요. 열대 기후 지역처럼 무척 더운 밤이라는 뜻으로, 밤에도 기온이 25도 밑으로 떨어지지 않는 날을 말해요. 그런데 1940년대 이전까지는 우리나라에 열대야가 거의 없었다고 해요. 도시가 커지고 도심 지역에서 배출되는 인공 열이 많아지면서 도시의 온도가 주변의 다른 곳보다 높아지는 '열섬 현상'이 나타났어요. 열섬 현상은 낮보다는 밤에 더 강하게 나타나기 때문에 열대야가 생겨나는 것이지요.

건조 기후

물이 항상 부족하고 건조해요

건조 기후: 강수량이 증발량보다 적어 매우 건조한 기후

건조 기후는 하늘에서 내리는 비나 눈 등의 강수량보다 공기 중으로 증발하는 물의 양이 더 많아 매우 건조한 지역의 기후예요. 건조 기후 지역은 물이 항상 부족해서 식물이 자라기 어렵지요.

남위 20~30도와 북위 20~30도 부근의 지역이 건조 기후 지역에 속해요.

건조 기후는 1년 동안의 강수량이 250밀리미터 미만인 '사막 기후'와, 1년 동안의 강수량이 250~500밀리미터 정도인 '스텝 기후'로 다시 구분돼요.

사막 기후 지역에는 물이 많이 필요 없는 선인장이 자라요.

스텝 기후 지역은 비가 내리는 우기에만 짧은 풀이 자라는 초원이 만들어지죠.

건조 기후 지역에서는 물이 무척 귀해서 지하수나 하천이 있는 오아시스를 중심으로 마을이 만들어졌어요.

오아시스는 지하수가 솟아나서 샘이나 하천을 만든 곳이에요. 오아시스 주변에서 동물을 기르고 농사를 지으며 도시가 만들어지지요.

이곳 사람들은 주로 길고 얇은 옷을 입어요. 덥다고 반소매 옷을 입었다가는 뜨거운 햇볕에 화상을 입을 수도 있기 때문이에요. 집도 뜨거운 햇볕과 열을 막을 수 있도록 짓지요.

우린 나무를 구하기 어려워서 진흙으로 집을 지어요.

꽃으로 뒤덮인 사막, 과연 신의 축복일까?

2015년 3월, 칠레 북부 지역 아타카마 사막이 하루아침에 핑크빛 꽃으로 뒤덮였어요. 몇 달 전, 이 지역에 7년에 걸쳐 내릴 양의 비가 단 12시간 만에 쏟아졌고, 이때 긴 시간 잠들어 있던 씨앗들이 싹을 틔운 거예요. 사람들은 신의 축복이라며 감탄했지만, 사실 좋아할 일만은 아니었어요. 2015년 이후 몇 년에 한 번씩 같은 현상이 반복되고 있기 때문이지요. 이것은 기후 변화가 일어났다는 확실한 증거인 셈이고, 인류에게 결코 반길 만한 일은 아니랍니다.

온대 기후

날씨가 따뜻하고 사계절이 뚜렷해요

온대 기후 : 기온이 온난하고 사계절이 뚜렷한 중위도 지역의 기후

온대 기후는 가장 추운 달의 평균 기온이 영하 3도보다 높고 18도보다는 낮은 지역의 기후예요. 이곳에서는 사계절이 뚜렷하게 나타나는 특징이 있어요.

우리나라도 온대 기후에 속해요.

온대 기후 지역은 대부분 남·북위 30~60도의 중위도 지역에 있어요. 열대 기후나 건조 기후처럼 너무 덥지도 않고, 냉대 기후나 한대 기후처럼 너무 춥지도 않기 때문에 사람이 살기에 가장 좋은 기후지요.

온대 기후는 육지나 바다의 위치에 따라 조금씩 다르게 나타나는데, 쾨펜은 온난 습윤 기후, 온대 겨울 건조 기후, 지중해성 기후, 서안 해양성 기후로 다시 구분했어요.

온대 기후 지역에서는 특히 농사짓기가 좋아서 옛날부터 사람들이 마을이나 도시를 많이 이루었어요.

한국의 모내기

유럽의 밀 수확

지중해 연안의 올리브 수확

프랑스의 포도 수확

사람이 많이 모이다 보니 다양한 산업도 많이 발달했지요. 그래서 지금도 세계의 사회·문화·경제를 이끄는 주요 국가와 도시들은 대부분 온대 기후대에 있어요.

기후에 따른 생활 모습

중위도에 있는 한반도는 대체로 온대 기후 지역에 속해요. 하지만 남과 북으로 길쭉하게 뻗은 모양이어서 북쪽 지역에서는 냉대 기후의 특징도 나타나지요. 우리 조상들이 살던 전통적인 가옥의 구조를 보면 알 수 있어요. 따뜻한 남부 지방에는 방들이 일자 모양으로 배치되고 시원한 '대청(집의 가운데 있는 넓은 마루)'이 있는 형태가 많지만, 추운 북쪽 지방의 집들은 방이 이중으로 배치되고 부엌과 방 사이에 추위를 피할 수 있는 '정주간'이라는 공간을 두었답니다.

냉대 기후

여름과 겨울의 기온 차이가 커요

냉대 기후 : 겨울은 길고 추우며 여름은 짧고 따뜻한, 북반구에만 나타나는 기후

냉대 기후는 가장 추운 달의 평균 기온이 영하 3도보다 낮고, 가장 따뜻한 달의 평균 기온이 10도보다 높은 지역의 기후예요. 가장 추울 때와 가장 따뜻할 때의 기온 차이가 큰 편이에요.

냉대 기후에서도 온대 기후처럼 사계절이 나타나요.

냉대 기후는 북반구에만 나타나는데, 북극과 가까운 캐나다를 비롯해 동유럽에서 러시아의 시베리아에 걸친 지역, 동북아시아 지역이 대표적인 냉대 기후 지역이에요.

남반구에서 냉대 기후가 나타날 수 있는 위도에는 육지가 없어요.

냉대 기후는 다시 냉대 습윤 기후와 냉대 겨울 건조 기후로 구분해요.

냉대 습윤 기후

겨울이 몹시 춥고 길어요. 눈도 많이 오고요.

냉대 겨울 건조 기후

겨울이 길고 춥지만, 여름에는 기온이 높이 올라가요.

냉대 기후의 겨울은 온대 기후의 겨울보다 훨씬 더 춥고 바람도 심해요. 그래서 낮은 기온에서도 잘 자라는 보리, 귀리, 호밀 같은 농작물을 재배해요. 농사를 많이 짓지 못하는 대신, 곧게 뻗은 침엽수림을 이용할 수 있지요.

침엽수는 침처럼 뾰족한 잎을 가진 나무예요. 냉대 기후 지역의 침엽수림을 '타이가'라고 해요.

우리는 주로 통나무로 집을 짓고, 지붕은 눈이 쌓이지 않게 뾰족하게 만들지요.

옥쌤 사회상식 — 냉대 기후 지역의 여름

냉대 기후 지역은 이름만 봐서는 1년 내내 추울 것 같지만 실제로는 그렇지 않아요. 냉대 기후의 대표적인 특징 중 하나가 여름과 겨울의 기온 차이가 무척 크다는 거예요. 냉대 기후 지역의 겨울은 무척 춥지만, 여름에는 사람들이 바닷가에서 해수욕을 즐길 정도로 기온이 높아져요. 그래서 따뜻한 기후에서 자라는 활엽수(잎이 넓은 나무의 종류)와 추운 지역에서 자라는 침엽수가 섞여 자라는 것을 볼 수 있지요.

한대 기후

지구에서 가장 추워요

한대 기후 : 극지방 부근에 나타나는, 1년 내내 매우 추운 기후

한대 기후는 가장 따뜻한 달에도 평균 기온이 10도보다 낮아요. 다시 말해, 지구에서 가장 추운 지역의 기후지요.

고위도 지방, 즉 북극과 남극에 가까워질수록 한대 기후가 나타나요.

한대 기후는 남·북위 60도~75도에 있는 툰드라 기후와 툰드라 기후보다 더 고위도 지방에서 나타나는 빙설 기후로 나뉘어요.

한대 기후의 땅은 1년 내내 꽁꽁 얼어 있어서 식물이 뿌리를 내릴 수 없어요. 그래서 이곳에 사는 이누이트족은 사냥을 하거나 순록을 기르면서 살고 있어요.

오늘날 한대 기후 지역에는 과거보다 오히려 더 많은 사람이 살고 있어요. 기상 관측과 과학 연구 등을 위해 세계 각국의 연구자들이 머물고 있기 때문이지요.

 **옥쌤 사회상식** ## 지구상에서 가장 추운 남극

남극은 쾨펜의 기후 구분 중 가장 추운 한대 기후 지역 중에서도 최고로 추운 곳이에요. 인류가 측정한 이후 가장 낮았던 남극의 기온은 영하 89.2도였다고 해요. 그래서 남극 대부분 지역은 2,000미터가 넘는 두꺼운 얼음으로 뒤덮여 있어요. 바다에도 1년 내내 빙하가 녹지 않고 떠다니는 모습을 볼 수 있지요. 그런데 놀랍게도 남극에도 여름이 있어요. 여름이라고 해도 우리나라 겨울 정도의 기온이지만 말이에요.

고산 기후

1년 내내 서늘해요

고산 기후 : 해발 고도가 높은 지역에 나타나는, 1년 내내 서늘한 기후

고산 기후는 해발 고도가 2,000미터 이상인 높은 곳에서 나타나는 기후예요. 1년 내내 서늘한 날씨가 이어지지요.

열대 기후에 속하는 나라여도 지대가 높은 곳이라면 고산 기후가 나타나요. 해발 고도가 높아질수록 기온이 조금씩 낮아지기 때문이에요.

고산 기후 지역에서는 1년 내내 우리나라의 봄 날씨와 비슷한 10~15도 정도의 기온이 유지돼요. 히말라야산맥이 뻗어 있는 티베트와 네팔, 부탄, 남아메리카의 볼리비아와 페루 등 안데스산맥 고산 지대, 북아메리카의 로키산맥이 대표적인 고산 기후 지역이에요.

또한 고산 기후 지역의 나라 중에는 관광 산업이 발달한 곳도 있어요. 특히 남아메리카의 고산 지대에는 '잉카 문명'과 같은 고대 문명의 유적지가 아직도 남아 있답니다.

케이블카가 대중교통인 나라

남아메리카에 있는 나라 볼리비아의 행정상 수도는 라파스라는 도시예요. 라파스는 해발 고도 약 3,600미터의 고산 지대에 있어요. 우리나라에서 가장 높은 산인 한라산의 해발 고도가 약 1,950미터이니 얼마나 높은 곳에 있는 도시인지 짐작할 수 있겠지요? 라파스는 낮은 곳과 높은 곳의 차이가 1,000미터나 되기 때문에 지하철이나 버스 같은 일반적인 교통수단은 이용하기 어렵다고 해요. 그래서 특이하게도 케이블카를 대중교통으로 이용해요. 우리나라의 지하철처럼 노선도 여러 개이고 환승도 가능하다고 해요.

사막

식물이 거의 자라지 못하는 황무지

사막: 건조 기후 지역 중에서 1년 평균 강수량이 250밀리미터보다 적은 곳

사막은 건조 기후 지역 중에서도 1년 평균 강수량이 250밀리미터보다 적은 곳이에요. 그래서 풀이나 나무가 거의 자라지 못하고 모래와 바위만 펼쳐져 있는 황무지지요.

그래서 1년 평균 강수량이 200밀리미터 정도인 남극을 사막으로 보기도 해요.

아프리카 북부에 있는 사하라 사막, 아시아 중부에 있는 타클라마칸 사막, 몽골고원 중부에 있는 고비 사막, 남아메리카 남서부의 칠레에 있는 아타카마 사막, 아프리카 남서부에 있는 나미브 사막 등이 대표적인 사막이에요.

사막은 전 세계 육지의 약 1/10 정도를 차지해요.

사막에서는 하루 동안의 기온 차이인 일교차가 매우 커요. 낮 기온은 40도 이상으로 매우 덥다가 밤에는 기온이 영하로 뚝 떨어지는 날도 종종 있지요. 심할 때는 일교차가 60도까지도 난다고 해요.

사막에는 이런 가혹한 기후에 적응한 특수한 생물들이 살고 있어요. 예로부터 사막 지역의 중요한 교통수단으로 이용되었던 낙타를 비롯해 흔히 사막여우라 불리는 페넥 여우와 뿔도마뱀, 사막전갈 등이 있어요.

놀랍게도 사막은 지금도 계속 생겨나고 있어요. 바로 '사막화'가 그것이지요. 사막화란 가뭄이나 거대 농장 건설, 열대 우림 파괴 등으로 사막이 아니던 곳이 사막으로 변해 가는 것으로, 안타깝게도 세계 곳곳에서 일어나고 있어요.

해마다 6만 제곱킬로미터 이상의 땅이 사막으로 바뀌고 있어요!

 ## 가장 큰 모래사막, 사하라 사막

사하라는 이집트, 니제르, 알제리, 리비아, 튀니지 등 아프리카의 여러 나라에 걸쳐 있는 광활한 사막이에요. 총 면적은 정확한 측정이 어렵지만 약 940만 제곱킬로미터로 알려져 있으며, 전 세계에서 가장 큰 모래사막이지요. 우리나라 영토의 약 94배에 해당하는 어마어마한 크기예요. 섣불리 발을 들였다가는 길을 잃고 목숨을 잃기 십상이지만, 먼 옛날부터 상인들은 사하라 사막을 횡단해 무역을 했어요. 이들은 한 번에 많은 수의 낙타를 이끌고 사막을 건넜는데, 낙타는 '사막의 배'라 불릴 정도로 유용했답니다.

건기·우기

비의 양에 따라 계절을 나눈다고?

건기: 1년 중 비가 많이 오지 않는 기간
우기: 1년 중 비가 많이 내리는 기간

1년 중 비가 많이 오지 않는 기간을 건기, 비가 많이 내리는 기간을 우기라고 불러요.
건기와 우기는 열대 기후의 대표적인 특징으로 손꼽히지요.

열대 기후는 1년 내내 더워서 봄·여름·가을·겨울 같은 계절이 아니라, 건기와 우기로 1년을 구분해요. 만약 열대 기후 지역으로 여행을 간다면 그때가 건기인지 우기인지를 미리 알아보는 것이 좋아요.

하필 우기에 와서 여행 기간 내내 비가 내리네.

그렇다고 모든 열대 기후가 건기와 우기로만 구분되는 것은 아니에요. 사바나 기후는 건기와 우기가 구분되는 반면, 열대 우림 기후는 1년 내내 비가 많이 내리거든요.

열대 우림 기후에서 짧은 시간에 집중적으로 내리는 소나기를 '스콜'이라고 해요. 열대 우림 기후 지역에서는 거의 매일 일정한 시각에 스콜이 내리지요.

스콜은 열대 지방의 무더위를 식혀 주는 역할을 해요.

1년 내내 비가 많이 내리는 열대 우림 기후 지역에서는 높이 자란 나무들이 빽빽한 밀림을 이루고,
건기와 우기가 있는 사바나 기후 지역에서는 키 큰 풀과 나무들이 듬성듬성 자라는 초원이 펼쳐져 있어요.

열대 우림 기후   사바나 기후

유목

한 곳에 머물지 않고 가축을 몰고 다니며 떠도는 것

유목: 사는 곳을 정해 두지 않고 가축을 몰고 다니며 떠도는 것

사람들은 대개 한 장소에 머무르며 살아가요. 특별한 일이 아니라면 좀처럼 자신이 살던 곳을 떠나지 않지요.

역시 우리 집이 최고!

그런데 한 장소에 머무르지 않고 이리저리 떠돌아다니며 사는 사람들이 있어요. 바로 유목민들이에요.

우리 돌아다니는 것이 익숙해.

유목이란, 사는 곳을 정해 두지 않고 말이나 양, 염소, 낙타 등 가축을 몰고 다니며 떠도는 것을 말해요. 유목은 아주 먼 옛날부터 시작되었는데 현재에도 여전히 유목민이 존재해요.

우리는 가축들이 먹을 물과 풀밭을 찾아 이곳저곳을 옮겨 다니며 살죠.

늘 거처를 옮기는 유목민들은 손쉽게 옮기고 다시 설치할 수 있는 집에서 살아요. 몽골인들의 이동식 천막집인 '게르'가 대표적이지요.

유목은 건조 기후 지역 중에서 사막 기후 지역보다는 비가 많이 와서 풀이나 작은 나무가 듬성듬성 자라 있는 스텝 기후 지역에서 많이 이루어져요.

주로 중앙아시아와 서남아시아, 북부 아프리카의 건조 기후 지역에서 유목이 이루어져요.

수가 많지는 않지만 한대 기후 지역에서도 순록을 키우며 유목 생활을 하는 사람들이 있지요.

화전 농업

풀과 나무를 불태워 농사지을 땅을 만들어요

화전 농업 : 나무나 식물 등을 태워 그 재를 거름으로 이용해 농사짓는 방법

한자어인 화전은 해석하면 '불탄 밭'이라는 뜻이에요.

열대 우림 기후 지역은 보기와 달리 농사짓기에 좋은 땅은 아니에요. 비가 너무 많이 내려서 땅속의 영양분까지 씻겨 내려가 버리기 때문이지요.

그래서 이곳에 사는 사람들은 농사를 짓기 위해 한 가지 방법을 사용했어요. 바로 풀과 나무를 불태워 농사를 지을 땅을 만드는 거였지요.

풀과 나무가 불에 타서 죽으면 그 영양분이 땅으로 흡수되어 농사짓기 좋은 상태가 된다고 해요. 사람들은 이렇게 불태워 만든 땅에 얌, 카사바 등의 농사를 지었어요. 이런 농사 방법을 화전 농업이라고 해요.

화전 농업은 아프리카나 동남아시아 등의 일부 지역에서 하고 있어요.

그런데 화전으로 만든 땅도 농사를 몇 번 지으면 다시 척박해져서, 몇 년이 지나면 다른 곳으로 이동해야만 해요. 그래서 화전 농업이 반복해서 많이 이루어지면 열대림이 파괴되고 지구 온난화가 심해지는 문제가 생기게 되지요.

우리나라에서도 옛날에는 산이 많은 강원도 지역에서 화전 농업을 많이 했답니다.

우리나라의 화전 농업

우리나라의 화전 농업은 특이하게도 역사의 흐름과 깊은 관계가 있어요. 우리나라에서는 옛날부터 자신의 땅이 없는 농민들이 화전을 일구었어요. 그런데 화전이 특히 크게 늘어난 때가 바로 일제 강점기예요. 일본에 강제로 토지를 빼앗긴 농민들이 어쩔 수 없이 화전을 일구는 경우가 많았기 때문이지요. 8·15 광복 이후에는 화전이 거의 사라졌다가, 6·25 전쟁으로 식량이 부족해지자 다시 화전이 생겨났어요. 그러나 산림과 토양 보존의 중요성 때문에 1968년 '화전정리법'이 공포되면서, 주로 강원도 산간 지방에 남아 있던 화전민은 다른 지역으로 이주해 농사짓게 되고, 화전은 금지되었지요.

교과 연계

3학년 1학기 사회 03. 교통과 통신수단의 변화

4학년 2학기 사회 02. 필요한 것의 생산과 교환

4학년 2학기 사회 03. 사회 변화와 문화 다양성

6학년 2학기 사회 01. 세계의 여러 나라들

6학년 도덕 06. 함께 살아가는 지구촌

7장
세계의 신비한 지리 문화

아마존 | 에베레스트산·마리아나 해구 | 우유니 소금 사막 | 수에즈 운하 | 해저 터널 | 세계 3대 폭포 | 만년설 | 산맥 | 세계적인 소금 호수 | 세계 4대 문명 | 랜드마크 | 지구촌 | 세계의 축제

이 세상에는 말로 설명할 수 없을 만큼 독특하고 신비한 곳이 많이 있어요. 지구에서 가장 높은 에베레스트산이나 지구에서 가장 깊은 마리아나 해구 같은 곳들요. 나이아가라 폭포, 이구아수 폭포, 빅토리아 폭포처럼 거대한 세계 3대 폭포는 또 어떻고요. 알면 알수록 아름다운 지구, 세계 곳곳의 신비한 지리를 만나러 출발!

아마존
지구의 허파

아마존 : 지구 산소의 20퍼센트를 만들어 내는, 남아메리카의 거대한 열대 우림

우리는 한순간도 멈추지 않고 계속해서 숨을 쉬지요. 이는 코나 입으로 들이마신 공기가 허파(폐)를 통해 산소를 받아들이고 이산화 탄소를 다시 내뱉는 과정을 말해요.

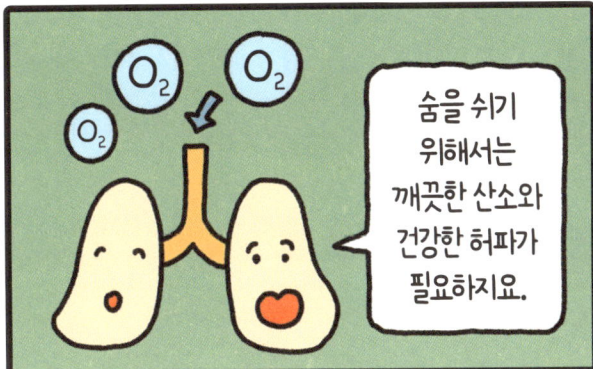

숨을 쉬기 위해서는 깨끗한 산소와 건강한 허파가 필요하지요.

남아메리카에 있는 아마존 열대 우림은 '지구의 허파'라는 별명으로 불려요.

한반도 면적보다 약 25배나 더 큰 거대한 밀림에서 16,000종이 넘는 다양한 나무들이 엄청난 양의 산소를 뿜어내고 있기 때문이에요.

지구 산소의 20퍼센트가 이곳에서 만들어져요.

아마존 열대 우림은 남아메리카 북부 안데스산맥에서 시작하여 대서양까지 흐르는 아마존강을 따라 펼쳐져 있어요. 길이가 약 6,300킬로미터나 되는 아마존강은 세계에서 제일 긴 강 1, 2위를 늘 다투지요.

아마존강과 주변의 열대 우림은 다양한 동식물의 터전이기도 해요. 재규어, 악어, 피라냐, 아나콘다, 분홍돌고래, 자이언트 수달을 비롯한 50만 종 이상의 동식물이 살고 있어요.

지구상에 존재하는 동식물의 10퍼센트 이상이 아마존강과 주변 열대 우림에 있어요.

거대한 아마존 열대 우림은 브라질과 페루, 콜롬비아, 베네수엘라, 에콰도르, 볼리비아, 가이아나, 수리남, 프랑스령 기아나주 등 무려 9개 나라에 걸쳐 있어요.

 **옥쌤 사회상식**

사라져 가는 아마존 열대 우림

우리가 좋아하는 햄버거 때문에 아마존 열대 우림이 사라지고 있다면 믿을 수 있나요? 둘은 전혀 상관없어 보이지만 사실이에요. 아마존 열대 우림의 나무들을 잘라 내고 불태운 뒤, 그 자리에는 주로 대규모 목장이 들어선다고 해요. 이 목장에서는 햄버거의 재료가 되는 소들을 키우지요. 이런 이유로 지구의 허파인 아마존 열대 우림을 파괴한다니 참으로 안타까운 일이에요.

에베레스트산·마리아나 해구
지구에서 가장 높은 곳과 가장 깊은 곳

에베레스트산: 아시아의 히말라야산맥에 있는 지구에서 가장 높은 산
마리아나 해구: 태평양에 있는 지구에서 가장 깊은 해구

지구에서 가장 높은 곳은 아시아의 네팔과 티베트의 경계에 있는 에베레스트산이에요.

거대한 히말라야산맥 중 가장 높은 산인 에베레스트산은 해발 8,848미터로, 한반도에서 가장 높은 백두산(2,744미터)보다 3배 이상 높아요.

히말라야산맥의 수많은 산 중에서도 최고로 높은 산이에요.

중국과 남아시아의 여러 국가에 걸쳐 있는 거대한 산맥이에요.

지구에서 가장 깊은 곳은 태평양 서부 마리아나 제도 동쪽에 있는 마리아나 해구예요.

해구는 바닷속에 있는 깊은 계곡을 말하는데, 마리아나 해구의 평균 수심은 7,000~8,000미터 정도이고, 가장 깊은 곳은 무려 11,034미터나 된다고 해요.

만약 에베레스트산을 마리아나 해구에 빠뜨린다면 완전히 잠겨 버리고 말겠지요?

깊은 바다는 혹독한 환경의 암흑세계예요. 탐험조차 힘들어요.

 **옥쌤 사회상식**

심해 탐험을 하는 사람들

심해는 상상 이상으로 가혹한 환경이라고 해요. 바다 밑으로 10미터씩 내려갈 때마다 몸을 짓누르는 물의 압력이 두 배씩 강해지고, 100미터만 내려가도 빛이 들어오지 않는 암흑세계가 펼쳐지지요. 그래서 심해 탐험을 위해서는 특별히 만들어진 잠수정이 필요해요. 미국의 해저 탐험가 빅터 베스코보는 2019년에 잠수정을 타고 바닷속 10,927미터까지 내려가 지구에서 가장 깊은 곳을 탐험한 사람이 되었다고 해요.

우유니 소금 사막

세계에서 가장 큰 거울

우유니 소금 사막: 남아메리카 볼리비아에 있는 세상에서 가장 큰 소금 사막

남아메리카 대륙 중부에 볼리비아라는 내륙 국가가 있어요.

볼리비아에는 새하얀 소금으로 이루어진 우유니 소금 사막이 있지요. 세계에서 가장 큰 소금 사막으로, 면적이 약 12,000제곱킬로미터나 돼요.

서울과 경기도 면적을 합친 것보다 넓지요.

이곳은 12월부터 다음 해 3월까지 우기여서, 이때는 사막 곳곳에 얕은 호수가 만들어져요. 그래서 '우유니 소금 호수'라는 이름으로 불리기도 하지요.

호수가 마치 거울처럼 하늘을 반사해서 '세상에서 가장 큰 거울'이라는 별명도 있지요.

밤에는 하늘의 별이 모두 호수 속에 들어 있는 듯한 환상적인 풍경을 자랑해요.

그런데 놀라운 것은 우유니 소금 사막이 해발 고도 3,600미터가 넘는 높은 곳에 있다는 사실이에요.

바다에 있어야 할 소금이 어째서 이런 높은 곳에….

이곳은 원래 바다였는데, 아주 오래전 지각 변동이 일어나며 땅이 높이 솟아올랐다고 해요. 이후 또 긴 시간이 흐르며 바닷물이 모두 말라 버려서 지금의 모습이 되었지요.

그동안 소금 사막의 신비한 풍경을 보러 많은 관광객이 방문했는데, 최근에는 이곳에 막대한 양의 리튬이 묻혀 있다고 해서 전 세계의 관심이 집중되고 있어요.

 **옥쌤 사회상식** 우유니에는 얼마나 많은 소금이 있을까?

우유니 소금 사막은 세계에서 가장 넓은 면적을 자랑하는 만큼, 보유하고 있는 소금의 양도 엄청 많아요. 우유니 소금 사막에 있는 소금의 양은 볼리비아 국민들이 몇천 년 동안 먹어도 다 먹지 못할 양이라고 해요. 무려 100억 톤이 넘는다고 하지요. 우리나라에서도 우유니에서 수입한 우유니 소금 사막의 소금을 맛볼 수 있답니다.

수에즈 운하

유럽에서 아시아로 가는 지름길

수에즈 운하: 아프리카 이집트에 있는 세계 최대 운하

배는 자동차나 비행기와는 비교도 안 될 만큼 오래된 교통수단이에요. 오늘날까지도 무역을 할 때 가장 많이 사용되지요.

물론 배도 단점은 있어요. 바다나 큰 강 등 물로만 다닐 수 있다는 점이지요. 그래서 때로는 가까운 길을 두고도 바다 멀리 돌아서 가기도 해요.

과거 유럽인들이 그랬어요. 인도와 무역을 하려면 배를 타고 아프리카 대륙을 빙 돌아서 가야 했거든요.

항해 거리와 시간을 줄일 방법을 고민하던 사람들은 지름길을 만들기로 했어요. 바로, 육지 가운데로 배가 지나갈 수 있는 물길, 즉 운하를 만드는 것이었어요.

이렇게 탄생한 것이 바로 아프리카 이집트에 있는 수에즈 운하예요. 1869년에 개통한 수에즈 운하 덕분에 아시아와 유럽을 오가는 배들은 더는 아프리카를 돌아서 갈 필요가 없어졌어요.

북아메리카와 남아메리카 대륙의 경계인 파나마 지협을 횡단하는 '파나마 운하'도 세계 무역의 지름길을 연 중요한 운하로 손꼽혀요.

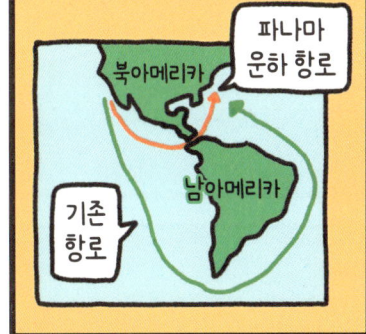

 ## 수에즈 운하와 소말리아 해적

'해적'이라고 하면 대개 검은 안대를 찬 험상궂은 얼굴, 커다란 칼과 해골 깃발을 떠올릴 거예요. 그런데 21세기인 지금도 아프리카 대륙 동북부의 소말리아 앞바다에는 해적이 있답니다. 물론 옛날처럼 칼을 든 모습은 아니에요. 수에즈 운하를 통과한 배들은 소말리아 앞바다를 지나가야 하는데, 소말리아 해적들은 이때 배를 납치해 운송을 방해하거나 선원들을 인질로 잡아 무역 회사에 대가를 요구해요. 2011년에 우리나라의 무역선도 소말리아 해적에게 납치되었지만 우리나라의 해군이 출동해 무사히 구출해 냈답니다.

해저 터널

바닷속으로 기차가 다닌다고?

해저 터널: 바다 밑바닥을 뚫어 자동차나 기차가 다닐 수 있게 만든 터널

바다는 육지와 육지를 가로막아 교류를 어렵게 해요. 바다를 건너려면 배나 비행기를 타야만 하지요.

그런데 배나 비행기를 띄우려면 항구나 공항 같은 큰 시설이 필요해요. 섬과 섬, 섬과 육지 사이의 좁은 바다를 건너려고 항구와 공항을 지을 수는 없는 노릇이겠지요?

남해의 모든 섬에 항구를 지으면 예산이···.

그래서 사람들은 바다 위에 다리를 놓기로 했어요. 우리나라 부산광역시에 있는 광안 대교, 미국 샌프란시스코의 금문교가 바다 위에 놓은 대표적인 다리예요.

다리뿐만 아니라 해저, 즉 바다 밑바닥을 뚫어 자동차가 다닐 수 있는 터널을 만들기도 해요. 터널은 주로 육지 사이에 끼어 있는 좁고 긴 바다인 해협을 횡단하기 위해 건설하지요.

유럽의 섬나라인 영국과 유럽 대륙에 있는 프랑스를 잇는 '채널 터널'이 대표적인 해저 터널이에요. 영국의 도버와 프랑스의 칼레를 잇는 길이 약 50킬로미터의 철도용 터널이지요.

채널 터널 덕분에 섬나라 영국에서도 기차를 타고 유럽 대륙으로 갈 수 있게 되었어요.

영국의 수도인 런던에서 프랑스의 수도 파리까지 기차로 단 3시간 만에 갈 수 있어요.

우리나라의 해저 터널

우리나라의 대표적인 해저 터널은 부산과 거제도를 잇는 '가덕 해저 터널'이에요. 가덕 해저 터널의 길이는 3,700미터 정도인데 무려 해수면에서 48미터 아래인 지점도 있다고 해요. 자동차를 타고 바닷속 48미터를 지나갈 수 있는 거지요. 하지만 콘크리트로 만들어져서 바닷속을 볼 수는 없어요. 충청남도 보령과 원산도를 잇는 '보령 해저 터널'은 총 6,927미터로 우리나라에서 가장 긴 해저 터널로 유명하답니다.

세계 3대 폭포

세계의 거대한 폭포들

세계 3대 폭포 : 나이아가라 폭포, 이구아수 폭포, 빅토리아 폭포

높은 절벽에서 쏟아져 내리는 물줄기를 폭포라고 해요. 물이 흐르다가 경사진 지형을 만나 아래로 떨어지는 것이지요.

폭포는 주로 산지 지역이나 강의 상류에서 찾아볼 수 있어요. 경사가 급하고 바위가 드러난 곳이 많지요.

강의 상류는 계곡 등 산과 거친 모양의 바위로 둘러싸인 지역이에요.

강의 하류는 폭이 넓고 평지이며 고운 흙이나 모래로 된 지역이에요.

강바닥은 흐르는 강물에 의해 조금씩 깎이게 되는데, 이때 바닥이 무른 부분은 많이 깎여 나가고, 바위처럼 단단한 부분은 덜 깎이게 돼요. 이 현상이 오랜 세월 반복되면 비로소 폭포가 되는 것이지요.

어떤 폭포는 주변의 아름다운 경관과 어우러져서 유명한 관광지가 되기도 해요. 제주도의 천지연 폭포와 정방 폭포, 설악산의 대승 폭포 등이 우리나라를 대표하는 폭포예요.

세계적으로 유명한 폭포도 있어요. 북아메리카 캐나다와 미국 사이에 있는 나이아가라 폭포와 남아메리카 브라질과 아르헨티나 사이에 있는 이구아수 폭포, 아프리카 남부의 잠비아와 짐바브웨 사이에 있는 빅토리아 폭포는 세계 3대 폭포로 손꼽혀요.

옥쌤 사회상식 — 세계에서 가장 높은 폭포

세계에서 가장 높은 폭포는 남아메리카 베네수엘라에 있는 '앙헬 폭포'예요. 높이가 무려 979미터나 되지요. 2024년 기준, 세계에서 가장 높은 빌딩인 '부르즈 할리파'보다도 151미터나 높아요. 그런데 높이에 비해 떨어지는 물의 양은 적어서 건조한 기간에는 폭포에서 떨어진 물이 땅에 닿기도 전에 안개로 변해 공기 중으로 날아가 버린다고 해요. 베네수엘라에 살던 원주민들은 이 폭포를 '파레쿠마 메루'라고 불렀는데, '가장 깊은 곳에 있는 폭포'라는 뜻이라고 해요.

만년설

만년 동안 녹지 않는 눈

만년설: 높은 산지에 녹지 않고 항상 쌓여 있는 눈

에베레스트산, 케이투봉, 칸첸중가산 등 세계적으로 높은 산들을 살펴보면 공통점을 발견할 수 있어요. 어느 지역에 있는 산이든 하나같이 정상이 하얀 눈으로 뒤덮여 있다는 거예요.

이렇게 높은 산지 지역에 녹지 않고 항상 쌓여 있는 눈을 만년설이라고 해요.

"드디어 내가 살 곳을 찾았어!"

우리나라의 한라산도 겨울이면 하얀 눈으로 뒤덮이지만, 만년설이라고 부르지는 않아요. 따뜻한 봄이 오면 쌓였던 눈이 모두 녹아 버리기 때문이에요.

"엊그제는 눈으로 가득 덮여 있더니, 봄이 오니 싹 사라지고 꽃이 피었네."

하지만 해발 고도가 높은 산지 지역은 기온이 낮아서 눈이 내리는 양도 많고, 한번 내린 눈은 좀처럼 녹지 않아요. 이런 눈이 계속 쌓이면서 만년설이 만들어지는 것이지요.

"여긴 한여름인데도 눈이 녹지 않고 쌓여 있군. 어휴, 추워!"

그런데 최근에는 지구 온난화로 만년설이 녹아 사라지는 곳이 늘어나고 있다고 해요. 기후 변화가 심각해져서 저 높은 고산 지대에까지 영향을 미친다니, 정말 걱정스러운 일이지요?

"지구 온난화가 계속된다면, 앞으로 지구의 모습이 어떻게 될지 너무 걱정돼."

산맥
육지가 솟아올라 만들어진 곳

산맥: 산들이 연이어서 길게 늘어서 있는 지형

주위의 땅보다 훨씬 높이 솟아 있는 땅을 산이라고 해요.

산은 화산이 폭발하면서 생기거나 단층, 습곡 작용에 의해 육지가 솟아올라서 만들어져요.

화산 폭발

단층

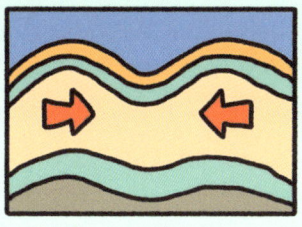

습곡

이런 산들이 연이어서 길게 늘어서 있는 것을 산맥, 또는 산줄기라고 부르지요. 세계에서 가장 긴 산맥은 남아메리카 서쪽에 있는 안데스산맥이에요. 길이가 7,000킬로미터나 되는 산맥으로, 해발 고도 6,000미터가 넘는 산들이 50개나 있지요.

안데스산맥은 고대 잉카 문명이 발달한 곳이지.

북아메리카 서쪽, 캐나다와 미국에 걸쳐 뻗어 있는 로키산맥과 인도와 티베트 사이에 있는 히말라야산맥도 세계적으로 손꼽히는 거대한 산맥이에요. 물론 우리나라에도 산맥이 있어요. 국내에서 가장 큰 산맥으로 금강산, 태백산, 오대산, 설악산 따위의 봉우리가 있는 태백산맥이 있답니다. 그 외에 소백산맥, 노령산맥, 차령산맥 등이 있지요.

눈이 사는 곳, 히말라야

히말라야라는 단어의 뜻은 고대 산스크리트어에서 눈을 뜻하는 히마(Hima)와 거처를 뜻하는 알라야(alaya)가 합쳐진 것이라고 해요. 풀이하자면 '눈이 사는 곳'이라는 뜻이지요. 언제든 만년설을 볼 수 있어서 붙여진 이름이에요. 히말라야의 별명은 탐험가들에 의해 붙여졌는데, 바로 '세계의 지붕'이지요. 지붕은 집에서 가장 높은 곳에 있는 부분인데, 히말라야산맥이 그만큼 높다는 의미예요. 히말라야산맥 중에서도 가장 높은 봉우리는 에베레스트산인데, 1953년 뉴질랜드인 에드먼드 힐러리가 처음으로 정상에 올랐답니다.

세계적인 소금 호수

가만히 있어도 몸이 둥둥 뜨는 호수

세계적인 소금 호수 : 아라비아반도의 사해, 아프리카 세네갈의 레트바 호수

우묵하게 들어간 땅에 물이 고여 있는 곳을 호수라고 해요.
물이 계속 흐르는 강과 달리 호수는 늘 잔잔한 상태를 유지하지요.

호수는 일반적으로 깊이가 5미터 이상인 곳을 말해요. 호수보다 작은 곳을 늪, 늪보다 작은 곳을 못이라고 부르지요.

대부분의 호수는 자연적으로 생겨난 천연 호수이지만, 사람들이 필요에 의해 만든 것도 있어요. 바로 저수지나 댐 같은 시설들이지요. 이런 것들을 인공 호수라고 말해요.

호수의 대부분은 소금기가 없는 담수호인 경우가 많아요. 그러나 짠 소금물로 이루어진 염호도 있어요. 아라비아반도 서북쪽, 이스라엘과 요르단에 걸쳐 있는 호수인 '사해'가 대표적이지요.

사해의 물은 겉보기엔 여느 호수와 다를 바 없지만 실제로는 바닷물보다 소금기가 5배나 진하다고 해요.

그 어떤 생물도 살지 못한다고 해서 죽음의 바다라는 뜻의 '사해'라는 이름이 붙었죠.

아프리카 세네갈의 '레트바 호수'도 사해만큼 신기한 호수예요.
이 호수의 물은 바닷물보다 열 배 이상 짠 데다 색깔마저 붉은색을 띠거든요.
그 이유는 소금기를 좋아하는 식물성 플랑크톤 때문이에요.

식물성 플랑크톤이 광합성을 하면서 붉은 색소를 만들어 내지요.

소금기가 많은 물에서는 가만히 있어도 몸이 뜬다고 해요. 그래서 사해나 레트바 호수에는 물 위에 둥둥 떠서 유유자적 시간을 보내는 관광객들을 볼 수 있어요.

세계 4대 문명

인류의 문명이 시작된 곳

세계 4대 문명 : 이집트 문명, 메소포타미아 문명, 인더스 문명, 황하 문명

세계에서 인류 문명을 가장 먼저 발달시킨 네 곳을 4대 문명이라고 해요.

네 문명은 각자 다른 형태로 발달했지만 한 가지 공통점이 있어요. 바로 큰 강 주변의 넓은 평야 지역에서 탄생하고 발달했다는 거예요.

우리는 나일강을 중심으로 도시를 만들었어요.

이집트 문명

티그리스강과 유프라테스강 주변에서 모든 게 탄생했지요.

메소포타미아 문명

인도의 인더스강 주변에서 뛰어난 문명이 등장했어요.

인더스 문명

우리의 모든 역사는 황하강 주변에서 시작되었어요.

황하 문명

강 주변에서 문명이 탄생한 이유는 농사를 짓기에 좋았기 때문이에요. 풍년으로 먹을 것이 많아지자 인구가 늘어났고, 점차 큰 나라의 형태로 발전했던 것이지요.

많은 사람을 다스리려면 법이 필요하고, 법을 정리하려면 문자가 필요하고, 문자를 만들고 기록하려면 학문이….

 **강 주변에 발달한 도시들**

우리나라의 도시들도 주로 큰 강이 있는 곳에 자리 잡고 있어요. 대표적으로 서울에는 한강, 대구와 부산에는 낙동강, 광주에는 영산강, 공주에는 금강이 흐르고 있지요. 세계적으로 유명한 도시들도 강 주변에 발달한 경우가 많아요. 대표적으로 영국 런던에는 템스강, 이탈리아 로마에는 테베레강, 프랑스 파리에는 센강이 흐르지요.

랜드마크

누구나 떠올리는 지역의 상징

랜드마크 : 특정한 나라나 도시를 떠올리게 하는 건축물이나 명소

뾰족한 가시가 달린 월계관을 쓰고 횃불을 높이 치켜든 자유의 여신상을 본 적이 있나요? 미국 뉴욕에 있는 자유의 여신상은 그 자체로 미국을 상징하는 조각상이에요.

프랑스 파리 어디에서나 잘 보이는 에펠 탑은 누구나 인정할 만한 프랑스의 상징이지요.

조개껍데기를 겹쳐 놓은 것 같은 삐죽삐죽한 건물, 시드니 오페라 하우스는 보는 순간 오스트레일리아를 떠올리게 해요. 이곳은 세계적으로 유명한 공연장으로, 2007년에 유네스코 세계 문화유산으로 지정되었답니다.

이렇게 누가 보더라도 특정한 나라나 도시를 떠올리게 하는 건축물이나 명소를 랜드마크라고 해요. 랜드마크는 그 지역의 상징과 같은 역할을 하는 것이지요.

서울의 새로운 랜드마크, 탄이네 집!

영국 런던의 빅 벤, 이탈리아 로마의 콜로세움, 이집트의 피라미드, 그리스의 파르테논 신전, 인도의 타지마할, 중국의 만리장성 등이 각 나라를 대표하는 랜드마크지요.

서울 하면 떠올리는 광화문이나 경복궁, 63빌딩, 부산을 상징하는 광안 대교, 경주 하면 떠올리는 불국사, 첨성대 등도 모두 그 지역의 랜드마크예요.

지구촌

한 마을처럼 가까워진 세계

지구촌: 교통·통신의 발달로 지구가 하나의 마을처럼 공동체를 이룸

옛날 사람들은 다른 지역이나 다른 나라에 사는 사람들을 만나기 어려웠어요. 지금처럼 교통이 발달하지 못했기 때문에 산을 넘고 강과 바다를 건너 먼 곳으로 떠나는 일이 쉽지 않았거든요.

그렇다 보니 다른 나라의 소식을 듣기도 어려웠지요. 옛날에는 인터넷이나 전화, 텔레비전 같은 것들이 없었으니까요.

오로지 사람이 직접 가서 소식을 전하는 방법밖에 없었어요.

그런데 지금은 자동차와 고속 열차, 비행기 같은 교통수단이 발달해서 어디든 어렵지 않게 갈 수 있게 되었어요. 그뿐만 아니라 인공위성과 전화, 인터넷과 같은 통신 기술도 발달해서 지구 반대편에서 일어난 일도 바로바로 알 수 있지요.

먼 유럽에서 하는 축구 경기도 실시간으로 볼 수 있어요.

마치 지구 전체가 한 마을에 살고 있는 것처럼 서로의 소식을 금방 접할 수 있고, 마음먹으면 다른 나라에 갈 수도 있게 된 거예요. 그래서 요즘에는 '지구가 좁아졌다'거나, '지구촌'이라는 말을 많이 해요.

경제적·문화적 교류를 했던 지구촌 사람들은 이제 환경 문제, 전쟁 등과 같은 여러 가지 지구촌의 문제들을 함께 해결하기 위해 서로 돕고 힘을 모으고 있어요.

세계의 축제

한 나라의 문화를 이해할 수 있는 행사

세계의 축제: 그 나라 사람들이 특정한 시기에 모여 자신들의 문화를 함께 나누고 즐기는 특별한 문화 행사

나라마다 자연환경과 인문 환경이 다르기 때문에 각기 다른 문화가 탄생하고 발달했어요. 어떤 나라의 문화를 잘 이해하려면 그 나라의 축제에 참가해 보는 것이 좋아요.

축제는 그 나라 사람들이 특정한 시기에 모여 자신들의 문화를 함께 나누고 즐기는 특별한 문화 행사예요. 그래서 축제는 그 지역의 자연환경·인문 환경과 깊은 관련이 있지요.

예를 들어, 눈이 많이 내리는 일본 삿포로 지역에서는 매년 겨울마다 눈과 얼음 조각을 전시하는 눈 축제를 열어요.

스페인의 발렌시아주 부뇰 지역에서는 매년 8월 마지막 주 수요일에 토마토 축제를 여는데, 잘 익은 토마토를 서로에게 던지며 즐겨요.

이처럼 축제를 통해 자기 지역의 문화와 특산물을 널리 알릴 수 있고, 축제를 찾아온 손님들 덕분에 경제적인 이익까지도 얻을 수 있어요.

세계 각국에는 독특하고 재미있는 축제가 정말 많답니다.

교과 연계

3학년 1학기 사회	01. 우리 고장의 모습
3학년 1학기 사회	03. 교통과 통신수단의 변화
3학년 2학기 사회	01. 환경에 따라 다른 삶의 모습
4학년 1학기 사회	01. 지역의 위치와 특성
4학년 2학기 사회	02. 필요한 것의 생산과 교환
6학년 도덕	05. 우리가 꿈꾸는 통일 한국

8장 더 알고 싶어요! 지리 문화 개념

| 특별한 지형 | 동고서저 | 분지 | 풍수지리 | 수평선과 지평선 |

| 생활과 밀접한 지리 문화 | 농촌·어촌·산지촌 | 중심지 | 국립 공원 | 해수욕장 | 오일장 | 특산물 | 지하자원 | 산유국 |

| 날씨와 지리 문화 | 장마 | 가뭄과 홍수 | 고랭지 농업 | 기상청 |

| 길과 교통수단 | 대중교통 | 지하철 | 고속 도로 | 공항 | 대동여지도 | 삼팔선과 휴전선 |

특별한 지형

동고서저

우리가 살고 있는 한반도 땅 모양의 특징을 나타낼 때 동고서저라는 표현을 써요. 동고서저란 말은 동쪽은 높고 서쪽은 낮다는 뜻이지요. 우리나라의 큰 산맥들은 북쪽에서 남쪽으로 뻗어 있고, 여기서 나온 작은 산맥들이 서쪽으로 뻗어 나가는 형태예요. 우리나라 지도를 봐도 동쪽 지역은 높은 지형을 나타내는 짙은 갈색으로, 서쪽 지역은 낮은 지형을 나타내는 초록색으로 표현된 것을 알 수 있지요.

우리나라의 지형이 북쪽과 동쪽이 높다 보니 우리나라의 강들은 주로 남쪽과 서쪽으로 흐르는 특징이 있어요. 한강과 금강, 낙동강 등이 대표적이지요. 우리나라의 서쪽 지역에 평야가 많은 이유도 강의 방향과 관련이 있답니다. 강은 흐르면서 흙과 모래를 운반하는데, 이렇게 운반된 흙과 모래가 경사가 완만한 서쪽에 쌓이기 때문입니다.

분지

땅은 그 모양에 따라 다양한 이름을 붙여요. 그중에서 분지는 주위가 산으로 둘러싸여 있고, 그 안쪽은 평평한 땅을 말해요. 모래로 산을 쌓은 다음, 가운데 부분을 꾹 눌러 움푹 들어가게 만든 모습을 생각하면 분지의 모양을 쉽게 이해할 수 있어요. 분지는 주변의 산에서 흘러오는 강 덕분에 물을 얻기에 좋고, 높은 산이 찬 바람과 비구름을 막아 주기 때문에 옛날부터 마을이나 도시가 발달하곤 했어요. 또한 외적의 침입을 막기에도 유리했지요.

우리나라에서는 대구광역시가 분지 지형에 자리 잡은 대표적인 도시예요. 햇볕이 잘 들어서 대구 지역에서 생산되는 과일은 맛있기로 유명해요. 하지만 분지 지형의 특성상 바람이 잘 통하지 않아 여름에 몹시 무덥답니다.

풍수지리

옛날 우리 조상들은 땅의 모양과 동서남북 방향에 따라 행운과 불운, 복과 재앙이 찾아온다고 생각했어요. 이것을 풍수지리 사상이라고 해요. 우리 조상들은 집과 무덤의 터를 마련하거나 나라의 수도를 정하는 중대한 일까지 모두 풍수지리를 바탕으로 했어요.

대표적인 풍수지리로 '배산임수'가 있어요. 배산은 산을 등지고 있다는 뜻이고, 임수는 물을 내려다본다는 뜻이지요. 옛날에 지어진 집이나 마을을 보면 어김없이 배산임수 지역인 것을 알 수 있어요. 그런데 배산임수가 전혀 근거 없는 주장은 아니에요. 마을 뒤쪽에 산이 있으면 겨울에 북쪽에서 불어오는 찬 바람을 막아 주고, 마을 앞에 하천이 흐르면 사람들이 생활할 때 물을 얻기 편리하기 때문이지요.

수평선과 지평선

수평선은 물과 하늘이 맞닿아 경계를 이루는 선을 말해요. 삼면이 바다로 둘러싸인 우리나라는 수평선을 볼 수 있는 곳이 많아요. 특히 동해안은 해안선이 단조롭고 섬이 없어서 수평선을 감상하기에 좋지요. 매년 새해 첫날, 동해의 수평선에서 솟아오르는 해를 보기 위해서 많은 사람이 동해안을 방문한답니다.

지평선은 바다가 아닌 편평한 땅의 끝과 하늘이 맞닿아 경계를 이루는 선을 말해요. 땅이 낮고 넓게 펼쳐진 평야 지역에서 볼 수 있지요. 우리나라에서는 전라북도 김제에 있는 김제평야가 지평선을 볼 수 있는 대표적인 장소예요.

생활과 밀접한 지리 문화

농촌·어촌·산지촌

촌락은 시골의 작은 마을을 뜻해요. 여러 가지 산업이 발달해서 사람이 많이 사는 도시의 반대 되는 말이에요. 촌락은 자연환경에 따라 농촌과 어촌, 산지촌으로 구분해요. 그래서 각각의 촌락에서는 주로 하는 일도 다르지요.

넓은 들판이 있는 농촌에서는 논이나 밭에서 농사를 짓는 농업과 가축을 키워 우유나 고기를 얻는 목축업을 주로 해요. 바다가 가까운 어촌에서는 물고기를 잡거나 김, 미역 등을 양식하고, 갯벌에서 해산물을 채취하는 어업에 종사하지요. 산이 있는 지역에 위치한 산지촌에서는 계단식으로 만든 논과 밭에서 농사를 짓거나 나무, 버섯, 약초 등 산에서 나는 것들을 채취하는 임업을 주로 해요. 석회석, 석탄, 고령토, 철광석, 금, 구리, 텅스텐 등의 지하자원을 캐내는 광업도 산지촌의 대표적인 일이랍니다.

중심지

어떤 일이나 활동의 중심이 되는 중요한 장소를 중심지라고 해요. 중심지에는 많은 사람들이 오가고, 여러 가지 편의 시설이 들어서지요. 고장의 중심지는 여러 가지 이유로 만들어져요. 교통이 발달하거나 아파트와 같은 집들이 많이 생기는 경우, 행정 기관이 들어서는 경우에 중심지로 발달하게 된답니다. 극장이나 체육 시설, 공원 등 여가 활동 시설이 생기거나 시장·백화점·대형 마트 등 상업 시설이 새로 들어서면서 그곳이 새로운 중심지가 되기도 해요.

그러나 중심지도 영원하지는 않아요. 행정 기관이 다른 지역으로 이동하거나 중심지를 거치지 않고 다른 지역으로 갈 수 있는 새로운 길이 생겨 사람들의 이동량이 적어지면 상거래가 줄어들면서 중심지도 쇠퇴하게 된답니다.

풍수지리

옛날 우리 조상들은 땅의 모양과 동서남북 방향에 따라 행운과 불운, 복과 재앙이 찾아온다고 생각했어요. 이것을 풍수지리 사상이라고 해요. 우리 조상들은 집과 무덤의 터를 마련하거나 나라의 수도를 정하는 중대한 일까지 모두 풍수지리를 바탕으로 했어요.

대표적인 풍수지리로 '배산임수'가 있어요. 배산은 산을 등지고 있다는 뜻이고, 임수는 물을 내려다본다는 뜻이지요. 옛날에 지어진 집이나 마을을 보면 어김없이 배산임수 지역인 것을 알 수 있어요. 그런데 배산임수가 전혀 근거 없는 주장은 아니에요. 마을 뒤쪽에 산이 있으면 겨울에 북쪽에서 불어오는 찬 바람을 막아 주고, 마을 앞에 하천이 흐르면 사람들이 생활할 때 물을 얻기 편리하기 때문이지요.

수평선과 지평선

수평선은 물과 하늘이 맞닿아 경계를 이루는 선을 말해요. 삼면이 바다로 둘러싸인 우리나라는 수평선을 볼 수 있는 곳이 많아요. 특히 동해안은 해안선이 단조롭고 섬이 없어서 수평선을 감상하기에 좋지요. 매년 새해 첫날, 동해의 수평선에서 솟아오르는 해를 보기 위해서 많은 사람이 동해안을 방문한답니다.

지평선은 바다가 아닌 편평한 땅의 끝과 하늘이 맞닿아 경계를 이루는 선을 말해요. 땅이 낮고 넓게 펼쳐진 평야 지역에서 볼 수 있지요. 우리나라에서는 전라북도 김제에 있는 김제평야가 지평선을 볼 수 있는 대표적인 장소예요.

생활과 밀접한 지리 문화

농촌·어촌·산지촌

촌락은 시골의 작은 마을을 뜻해요. 여러 가지 산업이 발달해서 사람이 많이 사는 도시의 반대 되는 말이에요. 촌락은 자연환경에 따라 농촌과 어촌, 산지촌으로 구분해요. 그래서 각각의 촌락에서는 주로 하는 일도 다르지요.

넓은 들판이 있는 농촌에서는 논이나 밭에서 농사를 짓는 농업과 가축을 키워 우유나 고기를 얻는 목축업을 주로 해요. 바다가 가까운 어촌에서는 물고기를 잡거나 김, 미역 등을 양식하고, 갯벌에서 해산물을 채취하는 어업에 종사하지요. 산이 있는 지역에 위치한 산지촌에서는 계단식으로 만든 논과 밭에서 농사를 짓거나 나무, 버섯, 약초 등 산에서 나는 것들을 채취하는 임업을 주로 해요. 석회석, 석탄, 고령토, 철광석, 금, 구리, 텅스텐 등의 지하자원을 캐내는 광업도 산지촌의 대표적인 일이랍니다.

중심지

어떤 일이나 활동의 중심이 되는 중요한 장소를 중심지라고 해요. 중심지에는 많은 사람들이 오가고, 여러 가지 편의 시설이 들어서지요. 고장의 중심지는 여러 가지 이유로 만들어져요. 교통이 발달하거나 아파트와 같은 집들이 많이 생기는 경우, 행정 기관이 들어서는 경우에 중심지로 발달하게 된답니다. 극장이나 체육 시설, 공원 등 여가 활동 시설이 생기거나 시장·백화점·대형마트 등 상업 시설이 새로 들어서면서 그곳이 새로운 중심지가 되기도 해요.

그러나 중심지도 영원하지는 않아요. 행정 기관이 다른 지역으로 이동하거나 중심지를 거치지 않고 다른 지역으로 갈 수 있는 새로운 길이 생겨 사람들의 이동량이 적어지면 상거래가 줄어들면서 중심지도 쇠퇴하게 된답니다.

국립 공원

국립 공원은 나라에서 지정해서 관리하는 공원을 말해요. 어떤 지역의 자연 생태계와 문화 경관이 나라를 대표할 만하고, 보호할 가치가 있을 때 국립 공원으로 지정하는 것이지요. 1872년에 미국이 로키산맥에 있는 옐로스톤 지역을 세계 최초로 국립 공원으로 지정했어요. 이후 다른 나라들도 국립 공원을 지정하기 시작했지요.

우리나라는 1967년에 지리산을 첫 번째 국립 공원으로 지정했어요. 2024년 현재 우리나라에는 총 23곳의 국립 공원이 있는데, 유형에 따라 산악형(18개)과 해상·해안형(4개), 사적형(1개) 공원으로 나뉘어요. 산악형과 해상·해안형은 아름다운 자연 경치가 대상이며, 유일한 사적 국립 공원인 경주는 도심 곳곳의 유적과 유물이 그 대상이랍니다.

해수욕장

여름이 되면 해수욕장으로 여행을 떠나는 사람들을 많이 볼 수 있어요. 바닷물에서 헤엄을 치거나 노는 것을 해수욕이라고 하고, 해수욕을 할 수 있는 바닷가를 해수욕장이라고 해요. 국토의 삼면이 바다인 우리나라는 해수욕장이 많은데, 각각 특징이 있어요.

서해안의 해수욕장은 모래가 적고 갯벌이 많지만, 동해안의 해수욕장은 고운 모래로 이루어진 해수욕장이 대부분이에요. 남해안과 제주도에는 모래뿐만 아니라 조약돌이나 둥글둥글한 굵은 돌로 이루어진 해수욕장도 있지요. 충청남도 보령의 대천 해수욕장, 강원도 강릉의 경포 해수욕장, 부산의 해운대 해수욕장과 거제도의 몽돌 해변 등이 우리나라에서 손꼽히는 유명한 해수욕장이랍니다.

오일장

여러 가지 상품을 사고파는 일정한 장소를 '시장'이라고 해요. 다른 말로 '장'이라고 부르기도 하지요. 요즘은 대형 마트나 백화점과 상대해서 '재래시장'이라고도 말해요. 오늘날 재래시장은 매일 열리는 상설 시장이 대부분이지만, 옛날에는 일정한 기간마다 열리는 정기 시장이 많았어요. 정기 시장은 대개 5일에 한 번 열리는 오일장이었는데, 2와 7 혹은 3과 8로 끝나는 날에만 시장이 열리는 식이었지요. 고장마다 시장이 열리는 날짜가 달랐기 때문에 물건을 사려면 장날까지 기다려야 했답니다.

이처럼 오일장이 생겨난 이유는 옛날에는 교통이 발달하지 못했기 때문이에요. 상인들이 각각의 마을에서 열리는 시장을 돌아 첫 번째 마을로 돌아오는 기간이 5일이었던 것이지요.

특산물

어떤 한 지역에서만 나는 특별한 물건을 특산물이라고 해요. 지역마다 자연환경과 인문 환경이 다르기 때문에 지역마다 다른 특산물이 생겨났지요. 그 지역만의 특징과 장점이 담긴 특산물을 다른 지역에 판매하여 지역 사람들의 소득을 높이기도 한답니다. 그래서 특산물의 이름 앞에 그 지역의 이름을 붙이는 경우가 많아요.

우리나라의 지역별 대표적인 특산물은 영덕의 대게, 횡성의 한우, 제주도의 감귤과 한라봉, 울릉도의 오징어, 영광의 굴비, 금산의 인삼, 이천의 쌀, 충주의 사과, 논산의 딸기, 의성의 마늘, 평창의 메밀, 통영의 나전 칠기, 전주의 한지, 남원의 목기 등 매우 다양하답니다. 또한 각 지역마다 자신들의 특산물을 널리 알리기 위해 여러 가지 축제를 열기도 한답니다.

지하자원

자연 현상에 의해 땅속에 만들어진, 우리에게 쓸모 있는 것들을 지하자원이라고 말해요. 지하자원은 크게 '광물 자원'과 '에너지 자원'으로 나뉘지요. 철광석, 구리, 알루미늄, 텅스텐, 금, 은, 석회석과 같은 것들을 광물 자원이라고 하고, 석유와 석탄, 가스와 같은 것들을 에너지 자원이라고 해요. 광물 자원이 묻힌 곳을 '광산'이라고 하며, 광물 자원을 캐내는 활동을 '채굴'이라고 하지요. 채굴하는 사람은 '광부'라고 불러요.

우리나라는 강원도의 동해와 삼척, 영월, 충청북도의 단양과 제천 지역에서 석회석과 석탄 등이 많이 채굴된답니다. 그런데 필요한 모든 지하자원이 우리 땅에 묻혀 있는 것은 아니에요. 다른 나라도 마찬가지고요. 그래서 세계 여러 나라는 무역을 통해 지하자원을 사고판답니다.

산유국

석유는 무척 쓸모가 많은 지하자원이에요. 땅이나 바다 밑에서 막 채굴한 상태의 석유를 '원유'라고 하는데, 원유를 가공하여 천연가스·휘발유·등유·경유·중유·윤활유·아스팔트 등 다양한 자원으로 만들기 때문이에요. 이렇게 만들어진 천연가스로 우리는 난방을 하고, 휘발유와 경유로 자동차를 움직이며, 발전소에서 전기를 만들어 내지요.

우리나라에서 가장 많이 수입하는 지하자원 역시 원유예요. 그런데 원유를 생산하는 나라, 즉 산유국은 세계적으로 많지 않아요. 미국, 사우디아라비아, 러시아, 이란 등이 대표적이지요. 그래서 산유국은 원유 수출로 부유한 나라가 많으며, 산유국들끼리 원유 가격 등을 논의하며 협력하는 모임인 석유 수출국 기구(OPEC)도 있어요.

날씨와 지리 문화

장마

여름철에 여러 날 동안 계속해서 비가 내리는 현상이나 날씨를 장마라고 해요. 우리나라의 장마 기간은 대개 6월 말에서 7월까지예요. 이 기간에는 비가 많이 내리고 기온까지 높아서 불쾌지수도 덩달아 높아지곤 하지요.

장마는 북쪽 지방에서 내려온 차고 습한 공기와 동쪽에서 밀려온 덥고 습한 공기가 만나면서 발생해요. 그런데 문제는 장마 기간에 내리는 비의 양이 무려 우리나라 일 년 치 강수량의 1/3이나 된다는 것이지요. 그래서 장맛비는 홍수와 같은 재해를 일으켜서 농사를 망치게 하기도 하고, 도심에도 크고 작은 피해를 일으켜요. 때로는 이 시기에 남쪽 열대 지방에서 태풍이 폭풍우를 몰고 와서 집중 호우 현상이 나타나기도 한답니다.

가뭄과 홍수

자연 현상으로 발생해서 인간의 힘으로 피할 수 없는 재해를 '자연재해'라고 해요. 그중에서 물과 관련된 자연재해는 가뭄과 홍수가 있어요. 오랫동안 계속해서 비가 내리지 않아 메마른 날씨가 이어지는 것을 가뭄이라고 하고, 짧은 시간 동안 비가 너무 많이 와서 강이나 시냇물이 갑자기 크게 불어나 넘치는 것을 홍수라고 하지요.

가뭄이 생기면 농사를 지을 물이 부족해서 농작물이 말라 죽고, 홍수는 논과 밭을 망가뜨려 역시 농사를 망치게 해요. 사람들은 가뭄을 대비하기 위해서 큰 강에는 댐, 작은 하천에는 저수지나 보를 만들어 물의 양을 조절해요. 또한 홍수에 대비하여 나무를 많이 심고, 물이 빠져나가기 쉽도록 강을 넓히는 등의 일을 한답니다.

고랭지 농업

해발 고도가 높은 산지 지역은 여름에도 날씨가 시원해요. 이러한 기후를 이용해서 농사짓는 것을 고랭지 농업이라고 하지요. 우리나라의 고랭지 농업은 주로 강원도 대관령 부근의 산지촌에서 이루어져요. 높은 산에 있는 비교적 평평한 땅에서 무, 배추 등의 여러 가지 채소와 감자, 메밀 등을 재배하는 것이지요.

고랭지 채소는 맛이 좋은 데다 수확하는 시기도 다른 지역보다 빨라서 사람들에게 인기가 좋아요. 특히 기온이 높은 여름철에는 다른 지역에서 배추 농사가 잘 이루어지지 않기 때문에 고랭지에서 재배한 배추를 더 높은 가격에 판매할 수도 있지요. 서늘한 날씨 덕분에 진딧물이나 해충도 적다고 해요. 그런데 안타깝게도 지구 온난화 등 기후 변화로 인해 고랭지 농업을 할 수 있는 곳이 갈수록 줄어들고 있다고 해요.

기상청

그날그날의 비와 구름, 바람, 기온 등의 상태를 '일기'라고 해요. 그리고 일기를 미리 알려 주는 것을 '일기 예보'라고 하지요. 일기 예보는 일상생활뿐만 아니라 농사, 전기 사용 예측, 건설 등 여러 분야에 활용되기 때문에 무척 중요해요. 특히 태풍이나 장마처럼 미리 대비해야 하는 기상 현상은 미리 알수록 좋지요.

우리가 텔레비전 뉴스나 인터넷 포털 사이트, 스마트폰 앱을 통해 얻는 일기 예보 정보는 모두 기상청에 전달한 자료를 바탕으로 해요. 기상청은 전국 곳곳에 설치된 기상 관측소에서 직접 날씨 변화를 관측하고, 전 세계에서 수집한 기상 정보, 기상 레이더와 기상 위성으로 수집한 방대한 자료를 슈퍼컴퓨터로 분석하여 날씨를 예측한답니다.

길과 교통수단

대중교통

여러 사람이 한꺼번에 이용할 수 있는 교통수단을 대중교통이라고 해요. 대개 어느 한 지역 안에서 이용하는 버스나 지하철을 가리키지만, 도시와 도시처럼 먼 곳을 갈 때 이용하는 시외버스나 고속버스, 기차, 배 같은 교통수단도 대중교통에 포함된답니다.

대중교통은 자동차가 없는 사람도 쉽게 이용할 수 있고, 특히 저렴한 가격에 이용할 수 있어서 시민들의 중요한 이동 수단이 돼요. 그래서 대중교통을 '시민의 발'이라고 표현하기도 한답니다.

도시가 커지고 교통 체증이 심각해질수록 대중교통의 중요성은 강조되고 있어요. 반대로 인구가 줄어드는 지역에서는 대중교통마저 축소되어서 사람들이 불편을 겪는 일도 벌어지고 있지요.

지하철

땅속에 터널을 파서 놓은 철도를 지하철이라고 해요. 굳이 땅속에 철도를 놓은 이유는 지하철이 있는 도시를 살펴보면 알 수 있어요. 지하철은 주로 사람이 많이 사는 대도시에 건설돼요. 우리나라의 지하철은 서울·경기·인천 등 수도권과 부산, 대전, 대구, 광주 등 광역시에 건설되어 있지요. 모두 100만 명 이상의 인구가 사는 대도시들이에요.

인구가 많은 대도시는 늘 교통 체증에 시달리는데, 지하철이 이 문제를 상당 부분 해결해 줘요. 지하철은 땅속으로 다니기 때문에 다른 교통수단과 마주칠 일이 없어서 교통 체증을 일으키지 않지요. 그리고 사람들을 빠르게 목적지까지 데려다준답니다. 그렇다면 우리나라 최초의 지하철은 무엇일까요? 바로 1974년에 개통한 서울 지하철 1호선이랍니다.

고속 도로

고속 도로는 자동차가 빠르고 안전하게 달릴 수 있게 만든 전용 도로예요. 그래서 일반적인 도로와 다르게 도로의 폭이 넓고 직선으로 쭉쭉 뻗어 있지요. 무엇보다 고속 도로에는 신호등이 없어서 가다 서기를 반복하지 않아도 된답니다.

이러한 특징들 덕분에 고속 도로를 이용하면 지역과 지역을 빠르게 이동할 수 있어요. 공장에서 만든 상품을 재빨리 전국의 상점으로 실어 나를 수 있고, 바다가 없는 산지촌에서도 싱싱한 해산물을 맛볼 수 있지요. 또한 인터넷 쇼핑몰에서 주문한 상품을 하룻밤 만에 받아 볼 수 있는 것도 고속 도로 덕분이에요. 이렇게 고속 도로는 사람과 물건이 원활히 국토 곳곳을 이동할 수 있게 하여, 여러 지역을 균형 있게 발전시키는 데 중요한 역할을 해요. 그래서 고속 도로를 국토의 핏줄이나 신경에 비유하기도 한답니다.

공항

비행기가 뜨고 내리는 데 필요한 시설들을 갖춘 곳을 공항이라고 해요. 공항 중에서도 국제공항은 나라와 나라를 이동하는 '국제선' 비행기들이 뜨고 내리는 공항을 말하지요. 국제선의 반대는 '국내선'인데, 한 나라 안에서 도시와 도시를 이동하는 것을 의미해요.

그런데 어떤 공항이든 긴 활주로와 관제 시설, 기상 관측 시설, 급유 시설, 여객 시설 등 많은 시설이 필요해요. 그래서 공항은 주로 도심지에서 멀리 떨어진 변두리 지역의 아주 넓고 평편한 장소에 건설하지요. 도심지에서 먼 곳에 건설하는 이유는 비행기에서 발생하는 큰 소음 때문이에요. 이렇게 만들어진 우리나라의 인천 국제공항은 동북아시아에서도 손꼽히는 대규모 공항이랍니다.

대동여지도

보물 제850호로 지정되어 있는 대동여지도는 조선 시대 지리학자인 김정호가 1861년에 만든 우리나라 지도예요. 모두 펼쳤을 때 크기가 가로 4미터, 세로 7미터 정도나 되는 상당히 큰 지도지요. 비행기도 인공위성도 없던 시절에 만들어진 지도지만 한반도의 모양이 무척 사실적으로 표현되어 있어요.

대동여지도가 탄생하기 전에도 우리나라를 나타낸 지도들이 있었어요. 하지만 대동여지도를 최고로 평가하지요. 그 이유는 대동여지도가 이전의 지도들보다 훨씬 더 정확하고 과학적으로 만들어졌기 때문이에요. 김정호는 모든 지역의 역사와 땅의 모양, 교통과 경제, 인구 등을 조사한 책인 '지리지'를 먼저 만들고, 이 자료를 바탕으로 천문 관측과 실제 측량을 통해 대동여지도를 만들었답니다.

삼팔선과 휴전선

1945년 8월 15일, 우리나라는 마침내 일본으로부터 나라를 되찾았지만 또 다른 시련이 찾아왔어요. 우리나라가 새로운 정부를 세우기 위해 노력하는 사이, 미국과 소련이 각각 우리나라를 대신 통치해 주겠다며 군대를 보낸 거예요. 결국 한반도의 북쪽은 소련, 남쪽은 미국이 통치하기로 했지요.

이때, 남과 북을 나누는 기준이 된 것이 바로 삼팔선이었어요. 삼팔선이라는 이름은 북위 38도를 기준으로 그은 선이기 때문에 붙여졌어요. 그래서 6·25 전쟁이 멈춘 뒤에 만들어진 휴전선과 달리 삼팔선은 직선으로 그어져 있답니다. 구불구불한 모양의 휴전선은 삼팔선보다 동쪽은 남한으로, 서쪽은 북한으로 조금 더 넘어간 모양이에요.

고속 도로

고속 도로는 자동차가 빠르고 안전하게 달릴 수 있게 만든 전용 도로예요. 그래서 일반적인 도로와 다르게 도로의 폭이 넓고 직선으로 쭉쭉 뻗어 있지요. 무엇보다 고속 도로에는 신호등이 없어서 가다 서기를 반복하지 않아도 된답니다.

이러한 특징들 덕분에 고속 도로를 이용하면 지역과 지역을 빠르게 이동할 수 있어요. 공장에서 만든 상품을 재빨리 전국의 상점으로 실어 나를 수 있고, 바다가 없는 산지촌에서도 싱싱한 해산물을 맛볼 수 있지요. 또한 인터넷 쇼핑몰에서 주문한 상품을 하룻밤 만에 받아 볼 수 있는 것도 고속 도로 덕분이에요. 이렇게 고속 도로는 사람과 물건이 원활히 국토 곳곳을 이동할 수 있게 하여, 여러 지역을 균형 있게 발전시키는 데 중요한 역할을 해요. 그래서 고속 도로를 국토의 핏줄이나 신경에 비유하기도 한답니다.

공항

비행기가 뜨고 내리는 데 필요한 시설들을 갖춘 곳을 공항이라고 해요. 공항 중에서도 국제공항은 나라와 나라를 이동하는 '국제선' 비행기들이 뜨고 내리는 공항을 말하지요. 국제선의 반대는 '국내선'인데, 한 나라 안에서 도시와 도시를 이동하는 것을 의미해요.

그런데 어떤 공항이든 긴 활주로와 관제 시설, 기상 관측 시설, 급유 시설, 여객 시설 등 많은 시설이 필요해요. 그래서 공항은 주로 도심지에서 멀리 떨어진 변두리 지역의 아주 넓고 평편한 장소에 건설하지요. 도심지에서 먼 곳에 건설하는 이유는 비행기에서 발생하는 큰 소음 때문이에요. 이렇게 만들어진 우리나라의 인천 국제공항은 동북아시아에서도 손꼽히는 대규모 공항이랍니다.

대동여지도

보물 제850호로 지정되어 있는 대동여지도는 조선 시대 지리학자인 김정호가 1861년에 만든 우리나라 지도예요. 모두 펼쳤을 때 크기가 가로 4미터, 세로 7미터 정도나 되는 상당히 큰 지도지요. 비행기도 인공위성도 없던 시절에 만들어진 지도지만 한반도의 모양이 무척 사실적으로 표현되어 있어요.

대동여지도가 탄생하기 전에도 우리나라를 나타낸 지도들이 있었어요. 하지만 대동여지도를 최고로 평가하지요. 그 이유는 대동여지도가 이전의 지도들보다 훨씬 더 정확하고 과학적으로 만들어졌기 때문이에요. 김정호는 모든 지역의 역사와 땅의 모양, 교통과 경제, 인구 등을 조사한 책인 '지리지'를 먼저 만들고, 이 자료를 바탕으로 천문 관측과 실제 측량을 통해 대동여지도를 만들었답니다.

삼팔선과 휴전선

1945년 8월 15일, 우리나라는 마침내 일본으로부터 나라를 되찾았지만 또 다른 시련이 찾아왔어요. 우리나라가 새로운 정부를 세우기 위해 노력하는 사이, 미국과 소련이 각각 우리나라를 대신 통치해 주겠다며 군대를 보낸 거예요. 결국 한반도의 북쪽은 소련, 남쪽은 미국이 통치하기로 했지요.

이때, 남과 북을 나누는 기준이 된 것이 바로 삼팔선이었어요. 삼팔선이라는 이름은 북위 38도를 기준으로 그은 선이기 때문에 붙여졌어요. 그래서 6·25 전쟁이 멈춘 뒤에 만들어진 휴전선과 달리 삼팔선은 직선으로 그어져 있답니다. 구불구불한 모양의 휴전선은 삼팔선보다 동쪽은 남한으로, 서쪽은 북한으로 조금 더 넘어간 모양이에요.

《옥효진 선생님의 과학 개념 사전》도 기대해 줘, 멍!

초판 1쇄 발행 2024년 5월 30일
초판 3쇄 발행 2025년 5월 7일

글 옥효진 **그림** 나인완 **기획** 북케어
펴낸이 김선식

부사장 김은영
어린이사업부총괄이사 이유남
책임편집 고지숙 **디자인** 양X호랭 DESIGN **책임마케터** 신지수 **교정교열** 이영미
어린이콘텐츠사업4팀장 강지하 **어린이콘텐츠사업4팀** 남정임 최방울 최유진 박슬기
어린이마케팅본부장 최민용 **어린이마케팅2팀** 최다은 신지수 심가윤
미디어홍보본부장 정명찬 **기획마케팅팀** 류승은 박상준
편집관리팀 조세현 김호주 백설희 **저작권팀** 성민경 이슬 윤제희
재무관리팀 하미선 임혜정 이슬기 김주영 오지수
인사총무팀 강미숙 이정환 김혜진 황종원
제작관리팀 이소현 김소영 김진경 이지우 황인우
물류관리팀 김형기 김선진 주정훈 양문현 채원석 박재연 이준희 이민운

펴낸곳 다산북스
출판등록 2005년 12월 23일 제313-2005-00277호
주소 경기도 파주시 회동길 490 **전화** 02-704-1724 **팩스** 02-703-2219
다산어린이 공식 카페 cafe.naver.com/dasankids 다산어린이 공식 블로그 blog.naver.com/stdasan
종이 스마일몬스터 **인쇄** 북토리 **제본** 상지사피앤비 **코팅** 제이오엘앤피

ISBN 979-11-306-5299-3 73300
      979-11-306-5647-2 74300(세트)

• 책값은 뒤표지에 있습니다.
• 파본은 본사와 구입하신 서점에서 교환해 드립니다.
• 이 책은 저작권법에 의하여 보호를 받는 저작물이므로 무단 전재와 복제를 금합니다.
• KC마크는 이 제품이 공통안전기준에 적합하였음을 의미합니다.